Gerhard Lohfink
Jetzt verstehe ich die Bibel

Stuttgarter Taschenbücher
Band 11

Gerhard Lohfink

Jetzt verstehe ich die Bibel

Verlag Katholisches Bibelwerk GmbH,
Stuttgart

Die Deutsche Bibliothek – CIP-Einheitsaufnahme

Lohfink, Gerhard
Jetzt verstehe ich die Bibel / Gerhard Lohfink. –
Leicht gekürzte Fassung. –
Stuttgart : Verl. Kath. Bibelwerk, 1992
  (Stuttgarter Taschenbücher ; Bd. 11)
  ISBN 3-460-11011-2
NE: GT

Leicht gekürzte Fassung des Originaltitels
„Jetzt verstehe ich die Bibel. Sachbuch zur Formkritik"
© 1973 Verlag Katholisches Bibelwerk GmbH, Stuttgart
(13. Auflage 1986)

Alle Rechte vorbehalten
© 1992 Verlag Katholisches Bibelwerk GmbH, Stuttgart
Satz: primustype Robert Hurler GmbH, Notzingen
Druck und Bindung: Ebner Ulm
Titelfoto: Tony Stone Worldwide, München

Inhalt

Einleitung 7

I. **Feste Formen im Alltag und in der Literatur** 10
  1. Brief an Tante Paula 10
  2. Ein Backrezept des alten Cato 12
  3. Todesanzeigen 14
  4. Ein feierlicher Predigtanfang 16
  5. Gespräche nach Geschäftsschluß 19
  6. Begrüßung in der arabischen Wüste 21
  7. Vom Gedicht bis zum Roman 23

II. **Was ist Formkritik?** 27
  1. Die Entdeckung fester Formen 27
  2. Die Beschreibung fester Formen 32
  3. Der Begriff der sprachlichen Intention 36
  4. Der sogenannte Sitz im Leben 38

III. **Feste Formen in der Bibel** 53
  1. Die Vielzahl biblischer Gattungen und Formen 53
  2. Das Lamm des Armen 59
  3. Jona und sein Gott 70
  4. Die Sage von Isaaks Opferung 79
  5. Der Aufstand Abschaloms 87
  6. Hofchronik und Reisetagebuch 98
  7. Die Verhaftung Jesu 107
  8. Die Ankündigung der Geburt Jesu 115
  9. Eine Offenbarungsrede 128
  10. Das Wort von der Ehescheidung 144

Anmerkungen 157

Einleitung

Ein Kind sagt zu seiner Mutter: „Gelt, der Himmel ist doch da oben!" – und es zeigt in die Luft. „Welchen Himmel meinst du?" fragt die Mutter. „Ei, den Himmel", sagt das Kind. „Meinst du den Himmel, an dem die Wolken sind und wo die Flugzeuge fliegen?" fragt die Mutter geduldig weiter. – „Nein, den richtigen Himmel", antwortet das Kind, „wo die Engel sind." Da sagt die Mutter: „Der Himmel, den du meinst, ist dort, wo Gott ist. Und Gott ist überall. Deshalb ist auch der Himmel nicht irgendwo über uns, sondern überall – in uns und um uns herum. Wir können ihn nur noch nicht sehen, weil Gott uns zuerst andere Augen und ein anderes Herz geben muß."

So oder so ähnlich könnte sich heute ein Gespräch zwischen einem Kind und seiner Mutter abspielen. Gläubige Eltern sind längst in der Lage, zwischen dem Himmel der Flugzeuge und Astronauten und dem Himmel des christlichen Glaubens zu unterscheiden. Sie sind im allgemeinen auch in der Lage, ihren Kindern die Unanschaulichkeit und Unbegreiflichkeit des Himmels ins Bewußtsein zu bringen.

Daß dies so ist, sollte man nicht als eine Selbstverständlichkeit betrachten. Es war nicht immer so. Die Ablösung unserer Jenseitsvorstellungen vom Weltbild früherer Zeiten, das auch das Weltbild der Bibel war, geschah unter den größten Schwierigkeiten. In einigen Punkten ist der Prozeß der Loslösung auch noch gar nicht beendet, sondern noch immer in vollem Gang. Immerhin ist eines erreicht: Keinem einigermaßen normalen Christen fällt es heute mehr ein, sich den Himmel über den Wolken oder irgendwo hinter der Milchstraße zu denken. Ist deshalb der Begriff „Himmel" für den heutigen Christen erledigt? Keineswegs! Der Begriff ist nur nicht mehr so vordergründig, wie er früher oft war. Wir nehmen das Wort „Himmel" seltener und nur zögernd in den Mund; aber an die Sache, die – jenseits aller Bilder – mit der alten Vorstellung vom Himmel gemeint war, glauben auch wir. Wir beten nach wie vor: „Ehre sei Gott in der Höhe", wissen dabei, daß wir den Begriff der „Höhe" nicht räumlich verstehen dürfen, und wissen doch, daß er einen Sinn hat. Wir bleiben bei dem Bild, obwohl wir in der Lage sind, das Bild schärfer und exakter zu hinterfragen als die Christen vergangener Jahrhunderte.

Aber kehren wir noch einmal zu der Mutter zurück, von der zu Beginn die Rede war. Was wird sie tun, wenn ihr Kind eines Tages erzählt haben will, wie der Engel Gabriel zu Maria kam? Und was wird sie antworten, wenn ihr Kind zu dieser Erzählung dann alle möglichen Fragen stellt: Wo der Engel hergekommen sei, wie er ins Haus gekommen sei, wie er ausgesehen habe, und schließlich, warum eigentlich heute keine Engel mehr kämen. Wird dieselbe Mutter, die zwischen Himmel und Himmel so gut zu unterscheiden wußte, auch dann die richtigen Antworten geben? Ist sie sich selbst über den Charakter der Verkündigungsgeschichte bei Lukas im klaren? Weiß sie, daß hier eine biblische Darstellungsform vorliegt, die man nicht mit einem Tatsachenbericht verwechseln darf? Kann sie auch hier zwischen der äußeren Darstellungsform und dem, was eigentlich gemeint ist, unterscheiden?

Wahrscheinlich kann sie es nicht. Die meisten Eltern können es noch nicht. Sie sind zwar gegenüber Erzählungen wie der von der Verkündigung an Maria sehr unsicher geworden, haben aber nicht einmal für sich selbst eine feste Position. Der Grund ist klar: Hier, in diesem Punkt, hat für die meisten Gläubigen der Prozeß des Umdenkens erst innerhalb der letzten zwanzig Jahre eingesetzt. Noch vor gar nicht langer Zeit hat man Erzählungen der genannten Art im Religionsunterricht wie Tatsachenberichte erzählt und erklärt. Das alles läßt sich nicht so schnell wegwischen. Trotzdem: Die Zeit wird kommen, wo Eltern auch bei biblischen Erzählungen zwischen der äußeren Darstellungsform und der theologischen Aussage zu unterscheiden wissen – so selbstverständlich, wie sie längst zwischen dem Himmel der Astronauten und dem Himmel Gottes unterscheiden.

Freilich setzt das eine gewissen Kenntnis der biblischen Darstellungsformen voraus und wenigstens eine ungefähre Ahnung von dem, was die moderne Bibelwissenschaft unter *Formkritik* versteht. Hierzu möchte dieses Buch eine Hilfe bieten. Es soll zeigen, daß Formkritik keine Geheimwissenschaft einiger hochspezialisierter Exegeten ist; weiterhin, daß sie kein Luxus, sondern eine zwingende Notwendigkeit ist. Was ist das überhaupt – Formkritik? Beginnen wir nicht mit einer abstrakten Definition, sondern fragen wir uns zunächst einmal, was in diesem Zusammenhang denn eigentlich mit „Form" gemeint ist. Gehen wir dabei von ganz alltäglichen Erfahrungen aus!

I. Feste Formen im Alltag und in der Literatur

1. Brief an Tante Paula

Nehmen wir einmal an, irgend jemand schriebe einen Brief und dieser Brief begänne folgendermaßen:

> Würzburg, den 11.8.

Liebe Tante Paula!
Nun habe ich schon lange nichts mehr von mir hören lassen. Es ist mir halt immer etwas dazwischen gekommen. Aber heute sind die Kinder nicht da, und da will ich endlich einmal schreiben. Mir geht es gut, was ich auch von Dir hoffe. Das Wetter war ja die letzten Tage sehr schlecht, bei Euch in Frankfurt sicher auch...

Verlassen wir bereits hier den spannenden Brief an Tante Paula! Er sollte lediglich daran erinnern, daß wir im allgemeinen bei Briefanfängen feste Formen zu verwenden pflegen. Wie der Brief an Tante Paula beginnt eine große Zahl von Briefen, die täglich in Deutschland geschrieben werden.

Briefanfänge dieser Art lassen sich auf folgendes Schema bringen:
① Angabe des Ortes, an dem der Brief geschrieben wurde
② Angabe des Datums
③ Anrede des Briefempfängers (meist mit „Liebe" beziehungsweise „Lieber")
④ Entschuldigung, daß man so lange nicht geschrieben hat

⑤ Feststellung, daß es dem Schreiber des Briefes gut geht, was er auch vom Briefempfänger erhofft.

Wir haben hier also ein Beispiel für eine feste und häufig verwendete „Form" vor uns. Man könnte freilich einwenden: Das ergibt sich doch alles ganz von selbst. Wie sollte man denn sonst einen Brief anfangen? Liegt das, was hier als feste Form bezeichnet wird, nicht in der Natur der Sache? – Aber dieser Einwand ist nicht stichhaltig. Selbstverständlich kann man einen Brief ganz anders anfangen.

Wenn Marcus Tullius Cicero seinem Bruder Quintus schrieb, dann begannen seine Briefe: Marcus Quinto fratri salutem – „Markus grüßt seinen Bruder Quintus". In der gleichen kurzen und strengen Form beginnen fast alle Briefe des Altertums. Es kann sogar einfach heißen: „Gaius an Titus". Und dann kommt der Briefschreiber sofort zur Sache. Die Anrede des Briefempfängers („Liebe Tante Paula!"), die für unsere Briefe charakteristisch und fast unentbehrlich ist, fehlt also im antiken Brief völlig. Aber mehr noch: Normalerweise gibt es im antiken Brief auch keine Ortsangabe. Und auch die Angabe des Datums fehlt häufig. Ist sie aber vorhanden, so steht sie nicht zu Beginn, sondern erst am Ende des Briefes. Was jedoch die Form des antiken Briefes noch stärker von der bei uns heute üblichen Briefform unterscheidet, ist das Fehlen der Unterschrift. Die antiken Briefe enden mit einem knappen Gruß. Vale – „Leb wohl!" – schrieben die Römer an das Ende eines Privatbriefes. Auf eine Unterschrift konnten sie verzichten; diese steckte sozusagen schon in der Überschrift („Markus grüßt seinen Bruder Quintus"). Wir stoßen also in der Antike auf ein Briefformular, das sich von dem unsrigen aufs stärkste unterscheidet.

Nun haben allerdings auch bei uns nicht alle Briefe ein Formular wie der an Tante Paula. Denken wir nur an amtliche Schreiben oder an Geschäftsbriefe! Im Gegensatz zum heutigen Privatbrief steht hier zu Beginn die Anschrift des Briefempfängers; dann kommen geheimnisvolle Wendungen wie: Ihre Zeichen... Ihre Nachricht vom... Unsere Nachricht vom... Unsere Zeichen... Betreff...

Wenn wir schließlich noch an die Briefe denken, die in den Kanzleien der Barockzeit abgefaßt wurden, mit ihren komplizierten Anreden und Eröffnungen, mit ihrer Weitschweifigkeit und Umständlichkeit, dann ist wohl endgültig klar, daß ein Brief durchaus nicht so beginnen muß wie der an Tante Paula.

Die angeführten Beispiele machen deutlich, daß es eine ganze Reihe fester Formen für Briefanfänge gibt. Fast jeder Brief lehnt sich, bewußt oder unbewußt, an eine der gebräuchlichen Formen an. Wer sich in diesen Formen auskennt, wird nicht nur sofort sagen können, in welchem Jahrhundert ein Brief geschrieben wurde, sondern auch, ob es sich um einen Privatbrief, um einen Geschäftsbrief oder um eine andere Briefart handelt – und zwar, wohlgemerkt, nicht erst vom Inhalt, sondern schon allein von der Briefform her.

Wer nun all die verschiedenen Formen von Briefanfängen überblickt, die es je gegeben hat, und sie nach Zeit, Funktion und gesellschaftlichem Hintergrund zu unterscheiden versteht, könnte eine *Formgeschichte* der Briefanfänge schreiben. Ein solches Werk würde in aller Deutlichkeit zeigen, wie formelhaft in jeder Epoche – vom Altertum bis heute – Briefanfänge gestaltet wurden.

2. Ein Backrezept des alten Cato

Gehen wir nun einen Schritt weiter! Feste Formen gibt es nicht nur, wenn Briefe geschrieben werden, sondern bei einer Vielzahl weiterer Gelegenheiten. Marcus Porcius Cato (234–149 v. Chr.) hat in seiner Schrift „Über den Ackerbau" – es handelt sich um die älteste vollständig erhaltene Prosaschrift der lateinischen Literatur – eine ganze Reihe alter Koch- und Backrezepte aufgezeichnet. Schaut man sie sich an, merkt man sofort, daß sie in ihrer Form heutigen

Rezepten aufs Haar gleichen. So lautet ein Rezept des alten Cato für Käsekuchen:

„Man zerreibe 2 Pfund Käse gründlich im Mörser. Ist der Käse gut zerrieben, so gebe man 1 Pfund Siligo-Weizenmehl oder, wenn man feiner essen will, nur 1/2 Pfund Similago-Weizenmehl hinzu und verrühre es gut. Forme dann aus dem ganzen einen Kuchen, lege Blätter (folia) unter und backe ihn schonend im warmen Ofen unter einer irdenen Schüssel" (De agri cultura 75).

Sieht man einmal davon ab, daß unsere Hausfrauen Käse nicht mehr im Mörser zerkleinern und zum Abdecken keine Blätter, sondern Aluminiumfolien benutzen, so merkt man dem Rezept Catos kaum an, daß es über 2000 Jahre alt ist. Was fehlt, ist eigentlich nur das berühmte „Man nehme...", das bei uns zum Gattungsstil von Kochrezepten gehört. Wir haben also hier eine sprachliche Form vor uns, die sich nicht gewandelt, sondern über einen langen Zeitraum hin durchgehalten hat. Wesentlich für die Form des Kochrezepts sind detaillierte Angaben über die Zutaten und eine exakte Beschreibung des Herstellungsvorgangs in der richtigen Reihenfolge. Diese Beschreibung des Herstellungsvorgangs erfolgt in einer Aneinanderreihung relativ kurzer Sätze, die jeweils eine Aufforderung enthalten. Kochrezepte sind in ihrer sprachlichen Struktur mit der Form der *Gebrauchsanweisung* eng verwandt. Auch die Gebrauchsanweisung ist ein Gerüst kurzer Aufforderungen, die in ihrer Reihenfolge meist nicht austauschbar sind („dann ... hierauf ... schließlich"). Kochrezepte und Gebrauchsanweisungen empfehlen das jeweilige Produkt. Die knappen, aneinandergereihten Aufforderungen setzen stillschweigend voraus: Das Produkt, von dem hier gesprochen wird, ist gut, es ist bewährt, du kannst dich unserer Empfehlung anvertrauen.

3. Todesanzeigen

Es gibt noch viele andere Beispiele für sprachliche Formen, die sich mit erstaunlicher Gleichförmigkeit durchhalten. Wir schlagen zum Beispiel irgendeine Zeitung auf und lesen auf der letzten Seite:

Nach kurzer, schwerer Krankheit
verschied am 12. November
im Alter von 64 Jahren,
nach einem Leben voller Arbeit und Liebe,
mein guter Mann,
unser treusorgender Vater,
Schwiegervater, Opa, Bruder, Onkel und Pate,
HERR WILHELM SCHMIDT
Herr, gib ihm die ewige Ruhe!

In der Zeitung geht die Anzeige dann noch weiter. Nach der Floskel „In tiefer Trauer" folgt eine Liste mit Namen, dann die Zeit des Requiems und der Beerdigung, schließlich die Notiz: „Von Beileidsbesuchen bitten wir abzusehen." Also auch hier eine feste und stereotype Form, die bis in kleinste Einzelheiten festgelegt ist und sich über Jahrhunderte hinweg kaum verändert hat. Vor dreihundert Jahren lautete so etwas folgendermaßen:

> Anno 1651 den 27 April Sonntags
> in der Nacht zwischen 12 und 1 Uhr
> ist in Ihrem Erlöser Jesu Christo
> sanft und seelig entschlaffen
>
> Weilandt die Tugendtsame Maria Bülgin
> auf der weisen mühlen
> ein geborne Waltmännin
>
> Ihres alters 22 Jahr 2 Monat 2 Tag
> derer Seelen Gott genadte
> Amen

Es handelt sich bei diesem Text um eine Grabinschrift aus Detwang bei Rothenburg ob der Tauber. Sie befindet sich im Innern der Detwanger Kirche an der linken Seitenwand. Ich schrieb sie mir vor vielen Jahren bei einer Fahrt durch das Taubertal ab, und zwar deshalb, weil mich die Sprache der Inschrift und all das, was in dieser Sprache an Frömmigkeit mitschwingt, tief berührte. Lange Zeit später stieß ich dann beim Durchblättern meiner Notizbücher wieder auf den Text der Inschrift. Und nun fiel mir plötzlich die formale Ähnlichkeit mit unseren heutigen Todesanzeigen auf. Die Sprache ist zwar anders. Auch die Art der Veröffentlichung ist grundverschieden. Und doch entspricht der Text in seiner Grundstruktur ziemlich genau dem auf der vorhergehenden Seite abgedruckten Zeitungstext. Eine formkritische Analyse vermag das sehr schnell zu zeigen.

Beiden Texten ist gemeinsam:
① Name des (der) Verstorbenen
② kurze Charakterisierung des (der) Verstorbenen
③ Alter des (der) Verstorbenen
④ Datum des Todes

⑤ kurze Charakterisierung des Todes
⑥ Wunsch für das Seelenheil des (der) Verstorbenen

Wegen dieser Übereinstimmung wird man den Detwanger Text, obwohl es sich um eine Inschrift handelt, formkritisch als Todesanzeige bestimmen müssen. Bei uns ist es heute üblich, Todesanzeigen in der Zeitung zu veröffentlichen oder sie in Briefform zu verbreiten. Im 17. Jahrhundert hingegen konnte eine Todesanzeige offensichtlich auch in Form einer *Inschrift* veröffentlicht werden. Wir sehen an diesem Beispiel sehr deutlich, daß sich eine bestimmte Form durchhalten kann, während sich die Art ihrer Veröffentlichung grundlegend wandelt.

Beobachtungen dieser Art können für formkritische Untersuchungen sehr wichtig werden. So hat sich zum Beispiel auch bei der Form „Erzählung" die Art der Veröffentlichung völlig geändert. Wir lesen Erzählungen heute in der Zeitung oder in Lesebüchern. Früher hingegen wurden Erzählungen wirklich erzählt. Man las sie nicht, sondern man hörte sie sich an – und zwar von jemandem, der die Technik des Erzählens beherrschte. Wenn wir in der Bibel auf Erzählungen stoßen, so handelt es sich in vielen Fällen um echte Erzählungen, die zunächst einmal für den mündlichen Vortrag entworfen und geformt waren. Oft wurden sie erst zu einem relativ späten Zeitpunkt schriftlich fixiert.

4. Ein feierlicher Predigtanfang

Feste Formen finden sich also nicht nur in schriftlichen Äußerungen des Menschen. Auch das menschliche Sprechen vollzieht sich häufig in festen und vorgeprägten Formen. Noch vor wenigen Jahrzehnten konnte es zum Beispiel geschehen, daß ein Prediger seine Pfingstpredigt folgendermaßen eröffnete: „Plötzlich entstand vom Himmel her ein Brausen, als ob ein gewaltiger Sturm daherführe, und erfüllte das ganze Haus, in dem sie saßen. – Worte aus der Apostelgeschichte, 2. Kapitel, 2. Vers. – Andächtige, zur Feier des hochheiligen Pfingstfestes versammelte Gemeinde!" Diese Form der Predigteröffnung war früher einmal sehr beliebt.

Sie setzt sich zusammen aus:
① Vorspruch (meist aus der Bibel)
② Stellenangabe für den Vorspruch
③ feierliche Anrede der Gemeinde mit Nennung des Predigtanlasses

Wenn eine Predigt in dieser Form anfing, wußte man im allgemeinen: Jetzt wird es nicht unter einer halben Stunde abgehen! Feierlicher Anfang und Länge der Predigt standen zueinander in Beziehung. Heute predigt man kürzer, verzichtet auf Vorsprüche und sagt zu Beginn einfach „Liebe Brüder und Schwestern" oder neuerdings „Liebe Schwestern und Brüder" (damit die Damen zuerst kommen).

Es gibt also auch für Predigtanfänge feste Formen, und auch hier könnte ohne weiteres eine „Formgeschichte", das heißt eine Geschichte der Formen aller jemals üblich gewesenen Predigteröffnungen geschrieben werden. Sie wäre mit Sicherheit hochinteressant. Sie würde zeigen, welchen gesellschaftlichen und theologischen Rang jede Zeit der zuhörenden Gemeinde einräumte. Eine solche Formgeschichte der Predigtanfänge würde zum Beispiel aufdecken, daß in der lateinischen Kirche des 4. Jahrhunderts die Gemeinde bei der Predigt mit „Eure Heiligkeit" (sanctitas vestra) angeredet werden konnte – eine Anrede, die dann später nicht mehr der ganzen Gemeinde, sondern nur noch dem Papst zugebilligt wurde.

Feste Formen mündlicher Rede finden sich im Gottesdienst selbstverständlich nicht nur bei der Eröffnung der Predigt, sondern an vielen anderen Stellen. Man kann ohne Übertreibung sagen, daß im Grunde jede Liturgie ein festes Gerüst geprägter Formen mündlicher Rede darstellt. Der Grund ist klar: Jedes menschliche Sprechen, das sich in regelmäßigen Abständen wiederholt und das immer die gleichen Hörer und den gleichen Inhalt hat, drängt zur Formalisierung. Bester Beweis dafür ist die römische Oration. Ursprünglich war sie ein vom Vorsteher der Liturgie jeweils frei formuliertes Gebet; schon bald aber setzten sich für dieses Gebiet feste Aufbaugesetze durch, die schließlich zur klassischen römischen Oration führten.

Ein Beispiel (in deutscher Übersetzung):
Lasset uns beten! O Gott, du Beschützer derer, die auf dich hoffen, ohne dich ist nichts heil und gesund, ohne dich nichts heilig: erweise uns mehr und mehr dein Erbarmen; führe und leite uns so durch die zeitlichen Güter, daß wir darüber die ewigen nicht verlieren – durch unsern Herrn Jesus Christus, deinen Sohn, der mit dir lebt und herrscht in der Einheit des Heiligen Geistes von Ewigkeit zu Ewigkeit. Amen.

Der Aufbau dieser Oration ist leicht zu überschauen. Das Gebet gliedert sich in sechs Teile:
① Aufforderung zum Gebet
② Anrede Gottes
③ Erweiterung der Anrede
④ Bitte
⑤ feierliche Schlußformel
⑥ Bestätigung des Gebets durch die Gemeinde

Bereits die Struktur läßt deutlich erkennen, um welche Art von Gebet es sich handelt: durch die Aufforderung am Anfang (oremus) und durch die Bestätigung am Ende (Amen) ist der Text klar als Gebet der Gemeinde gekennzeichnet. Der Vorsteher spricht es stellvertretend und im Namen der Gemeinde. Der Satz „ohne dich ist nichts heil und gesund, ohne dich nichts heilig" ist lediglich eine Erweiterung der Anrede (im lateinischen als Relativsatz an die Anrede angeschlossen); der eigentliche Hauptteil des Gebetes liegt also in den folgenden Bitten, und unsere Oration ist als Bittgebet zu bestimmen.

Der hier beschriebene formale Aufbau findet sich in der Mehrzahl aller römischen Orationen. Formkritisch muß deshalb dieser Typ der Oration als kurzes Bittgebet mit einer erweiterten Anrede im Relativstil und einer feierlichen Schlußformel bezeichnet werden, das der Vorsteher im Namen der Gemeinde spricht.

5. Gespräche nach Geschäftsschluß

Feste Formen mündlicher Rede gibt es aber nicht nur im Bereich der Liturgie. Unsere Sprache kann mitten im Alltag nach einem bestimmten Schema verlaufen – oft ohne daß wir es selber merken. Eine in dieser Weise formalisierte Sprache stellt sich leicht ein, wenn wir in bestimmte, häufig wiederkehrende Gesprächssituationen geraten. Kurt Tucholsky, der ein großartiger Beobachter derartiger Dinge war, hat eine ganze Reihe solch typischer Gesprächssituationen, in denen die Sprache in festen Formen verläuft, beschrieben: Gespräche am Telephon, Dialoge zwischen Geschäftsleuten, der Ablauf eines Familienkrachs. Am schlagendsten ist aber seine Skizze über Gespräche zwischen Verliebten, die sich abends den Ärger des Geschäftstages von der Seele reden:

„Er holt sie vom Geschäft ab oder sie ihn. Das Paar vertritt sich noch ein bißchen die Beine, nach dem langen Sitzen im Bureau tut die Abendluft gut... Man erzählt sich, was es tagsüber gegeben hat. Und was hat es gegeben? Ärger. Nun behauptet zwar die Sprache, man ‚schlucke den Ärger herunter' – aber das ist nicht wahr. Man schluckt nichts herunter. Im Augenblick darf man ja nicht antworten – dem Chef nicht, der Kollegin nicht, dem Portier nicht... Aber alles kommt wieder – und zwar abends nach sechs...

Er erzählt ihr, wie es im Geschäft zugegangen ist. Zunächst der Bericht. Man hat vielleicht schon bemerkt, wie Schlachtberichte solcher Zusammenstöße erstattet werden:

der Berichtende ist ein Muster an Ruhe und Güte, und nur der böse Feind ist ein tobsüchtig gewordener Indianer. Das klingt ungefähr folgendermaßen:

‚Ich sage, Herr Winkler, sage ich – das wird mit dem Ablegen so nicht gehn!' (Dies im ruhigsten Ton von der Welt, mild, abgeklärt und weise.) ‚Er sagt, erlauben Sie mal! sagt er – ich lege ab, wies mir paßt!' (Dies schnell, abgerissen und wild cholerisch.) Nun wieder die oberste Heeresleitung: ‚Ich sage ganz ruhig, ich sage, Herr Winkler, sage ich – wir können aber nicht so ablegen, weil uns sonst die C-Post mit der D-Post durcheinanderkommt!' ..."

Der Streit im Geschäft wird weitergeschildert, die Schilderung erreicht ihren Höhepunkt und bricht dann ab mit der Frage: Wie findest du das? „Sie" findet es selbstverständlich skandalös, und das ist für ihn ein tiefer Trost. Anschließend werden die Rollen getauscht. Nun berichtet „Sie", was sich ihre Kolleginnen wieder geleistet haben. Jetzt findet „Er" es skandalös. So hat jeder seinen Trost. Das seelische Gleichgewicht ist wiederhergestellt. Und genau zu diesem Zweck ist erzählt worden. Die ganze Form der Darstellung („Herr Winkler, sage ich – das wird mit dem Ablegen so nicht gehn!") war unbewußt, aber doch mit höchster Zielstrebigkeit auf die Rechtfertigung des eigenen Tuns und auf die Zustimmung des Gesprächspartners hin angelegt. Die gesamte Schilderung lief auf die Frage zu: Wie findest du das? Dieses Ziel bestimmte die Form der Darstellung. Eine Schilderung, der es um objektive Kritik durch den Gesprächspartner gegangen wäre, hätte nicht nur inhaltlich, sondern vor allem auch formal ganz anders ausgesehen[1].

Gespräche wie das von Kurt Tucholsky skizzierte gibt es natürlich nicht nur unter Verliebten und nicht nur nach Geschäftsschluß. Wann immer wir von einem Geschehen berichten, in das wir selbst verwickelt waren, und uns dabei der Zustimmung unseres Gesprächspartners versichern wollen, kann unser Sprechen die gleiche Form annehmen.

6. Begrüßung in der arabischen Wüste

Es gibt im Alltag noch eine Vielzahl weiterer typischer Gesprächsformen. Sie entstehen besonders dann, wenn sich bestimmte Situationen regelmäßig wiederholen. Beispiele: Befragung eines Patienten durch den Arzt, Examensgespräch, Verkaufsgespräch, Vorstellung, Beichtzuspruch, Begrüßung, Verabschiedung, Debatte, Dienstbesprechung, Erfahrungsaustausch, Interview, Reportage.

Wer es unternähme, Gespräche dieser Art einmal genaustens auf ihre Eröffnung, ihren Abschluß, ihre Gesamtstruktur und auf regelmäßig anzutreffende Begriffe und Formeln hin zu untersuchen, wäre wohl sehr erstaunt, wie sehr unser alltägliches Leben in sprachlich festen Formen verläuft. Es ist nun wichtig zu wissen, daß im Orient, in den weite Teile der Bibel kulturgeschichtlich hineingehören, die Sprache und das Verhalten noch viel stärker ritualisiert sind als bei uns. Wenn sich zum Beispiel Orientalen begrüßen, so geschieht das noch formelhafter, als es schon bei uns zu geschehen pflegt. W. Thesiger, der 1945–1950 Südarabien durchstreifte, berichtet von einer Begegnung in der arabischen Wüste:

„Nun rief Mahsin...: ‚Salam Alaikum'. Und wir antworteten im Chor: ‚Alaikum al-Salam'. Dann kamen sie im Gänsemarsch an uns vorüber und begrüßten jeden mit dem dreifachen Nasenkuß, wobei die Nase die des anderen rechts, links und noch einmal rechts berührt, und stellten sich uns gegenüber auf. Tamtaim sagte zu mir: ‚Frage sie nach Neuigkeiten.' Ich aber antwortete: ‚Nein, tu du das. Du bist der Älteste.' Tamtaim rief: ‚Was habt ihr Neues zu berichten?' Mahsin antwortete: ‚Nur Gutes.' Wieder fragte Tamtaim: ‚Ist einer gestorben? Ist einer fortgegangen?' Sofort kam die Antwort: ‚Nein! Sag so etwas nicht!' Frage und Antwort waren so unveränderlich wie die des Wechselgesangs einer Litanei. Ganz gleich, was sich tatsächlich ereignet hatte, sie änderten sich nie. Die Ankömmlinge hätten mit Räubern gekämpft, die Hälfte ihrer Leute verloren und noch immer unbestattet haben können, ihre Kamele hätten geraubt sein, jederlei Unglück, Hunger, Durst oder Krankheit hätte sie getroffen haben können, und doch hätten sie bei dieser ersten offiziellen Begrüßung niemals etwas anderes gesagt als: ‚Nur Gutes.'"[2]

Ein Begrüßungsritual dieser Art mag im ersten Augenblick fremd und sinnlos erscheinen. Sieht man genauer zu, so entdeckt man aber sehr bald, daß es Begrüßungsriten dieser Art in abgeschwächter Form auch hierzulande gibt. Nehmen wir als Beispiel die folgende Begrüßung, die bei uns bisweilen vorkommen soll:

A: morgn
B: morgn
A: nawiegehts
B: dankegut
A: ekelhafteswetterwas
B: dahasderecht

Die meisten Elemente dieser Begrüßung haben ihre ursprüngliche sprachliche Bedeutung eingebüßt. Zumindest die Frage „Na, wie geht's?" und die Antwort „Danke, gut!" haben rituellen Charakter. Wer in diesem Zusammenhang so fragt, ist im allgemeinen am Befinden des anderen nicht interessiert. Und demjenigen, der „Danke, gut!" antwortet, kann es im Augenblick der Antwort durchaus schlecht gehen. Der Ritus verlangt aber trotzdem, daß er „Danke, gut!" sagt. Mit Recht, denn die Frage „Wie geht's?" hat bei einer solchen Begrüßung meist nicht den Sinn, eine echte Auskunft zu ermitteln, sondern Gemeinsamkeit herzustellen. Die Linguistik (die Wissenschaft, die sich mit den formalen Gesetzen des Sprachvollzugs befaßt) würde das so ausdrücken: Frage und Antwort haben hier nicht den Zweck, Information herbeizuführen, sondern Kommunikation zu eröffnen. Ist dies durch die mehr oder weniger rituell ablaufende Begrüßung geschehen, so kann es durchaus sein, daß sich ein Gespräch ergibt, in dem ausführlich und informativ über Gesundheit, finanzielle Lage, Sorgen mit den Kindern usw. gesprochen wird. Der Unterschied zu der Begrüßung in der arabischen Wüste ist also doch nicht so groß.

Wir haben somit in der Begrüßung eine sprachliche Äußerung des Menschen, die eine feste Form haben kann, und diese Form wiederum hat eine ganz feste Funktion und einen festen Sitz im Leben. Wenn wir erst einmal darauf aufmerksam geworden sind und die Augen offen halten, können wir überall im täglichen Leben solche festen Formen finden, die allen geläufig sind, die stets bei der gleichen Gelegenheit angewandt werden („Sitz im Leben"), die man selbst, bewußt oder unbewußt, immer wieder übernimmt, weil es lästig wäre, sich ständig neue Formen auszudenken, und bei denen man, das ist entscheidend, sehr genau zusehen muß, welche Funktion sie im einzelnen haben.

7. Vom Gedicht bis zum Roman

In unseren bisherigen Überlegungen haben wir uns mit geprägten und festliegenden Formen des Alltags beschäftigt. Feste Formen gibt es aber auch in der Literatur. Wenn ein Schriftsteller Dinge, die ihn bewegen und die er anderen mitteilen möchte, zu Papier bringt, so überlegt er sich genau, in welcher Form er dies am zweckmäßigsten tut.

Für einen Wissenschaftler zum Beispiel macht es einen großen Unterschied, ob er einen Aufsatz für eine wissenschaftliche Zeitschrift, einen Artikel für ein Fachlexikon oder einen Artikel für die Seite „Forschung und Leben" einer Tageszeitung schreibt. In einem Lexikonartikel kann er wissenschaftliche Informationen ohne lange Einleitung und ohne Überlegungen aneinanderreihen; eine Diskussion einzelner Forschungsergebnisse ist nicht notwendig. Demgegenüber verlangt gerade der Aufsatz in einer Fachzeitschrift, daß eine intensive Auseinandersetzung mit den Ergebnissen anderer Forscher geleistet wird. Hierbei können „Anmerkungen" eine besondere Hilfe sein: Sie entlasten den eigentlichen Text von Zahlenmaterial, Belegstellen und sonstigen Einzelheiten. In einem Zeitungsartikel hingegen gibt es weder Anmerkungen noch bloße Aneinanderreihung von Informationen. Hier kommt man nicht ohne eine sorgfältige Einleitung und genau überlegte Übergänge zwischen Fakten, die man mitteilen will, aus. Denn der Zeitungsartikel ist ja für Nicht-Fachleute geschrieben.

Deutlicher sind wir uns der verschiedenen literarischen Formen in der sogenannten „Schönen Literatur" bewußt. Es entsteht jeweils etwas Grundverschiedenens, wenn ein Stoff zu einem Gedicht, einem Epos, einem Drama, zu einer Kurzgeschichte, einer Novelle oder einem Roman verarbeitet wird. Jede dieser Formen beziehungsweise Gattungen hat ihre eigenen Gesetze; nicht jede dieser Formen eignet sich für denselben Stoff. Anders ausgedrückt: Man kann als Schriftsteller für einen bestimmten Stoff nicht jede beliebige Form wählen, und man kann literarische Formen nicht einfach wie Kleider auswechseln. Man kann etwa einen Kriminalstoff sehr gut in Form eines Romans darstellen – das beste Beispiel liefert Dostojewskij in „Die Brüder Karamasoff" –, aber ganz sicher nicht in Form eines Gedichtes. Und man kann das Erlebnis eines gefüllten und reichen Augenblicks in der Form eines Gedichtes zur Sprache bringen – aber ganz sicher nicht in Romanform. So erschließt jede literarische Form in einer anderen Weise Wirklichkeit; deshalb treten wir auch an jede literarische Form mit anderen Erwartungen heran.

Wer zu einem klassischen Roman greift, erwartet eine Vielzahl von Figuren; er erwartet verschiedene Schauplätze, Weiträumigkeit, Entwicklungen, gesellschaftliche Bezüge; er erwartet ein Stück „Welt", so reich, vielschichtig und verflochten, wie unsere Welt ist. Aber er erwartet natürlich nicht, daß die Figuren des Romans wirklich gelebt haben, oder – falls es sich um einen „historischen Roman" handelt –, daß sie in Wirklichkeit all das gesagt und getan haben, was die Figuren im Roman sagen und tun.

Wer zu dem großen Buch von Golo Mann über Wallenstein greift, erwartet ebenfalls eine Vielzahl von Figuren, er erwartet die Beschreibung verschiedener Schauplätze, die Darstellung von Entwicklungen und von gesellschaftlichen Bezügen; er erwartet ein Stück „Welt", nämlich die Schilderung der Welt, in die Wallenstein hineingehörte. Aber er erwartet selbstverständlich, daß alle Figuren, die in diesem Buch vorkommen, wirklich gelebt haben und daß grundsätzlich nur Geschehnisse berichtet werden, die sich wirklich ereignet haben. Er erwartet keine Impressionen des Verfassers, auch keine Bekenntnisse; wohl aber objektive historische Analysen und abgewogene Urteile.

Wer zu einer Autobiographie greift, erwartet ebenfalls eine Vielzahl von Figuren, er erwartet verschiedene Schauplätze, Entwicklungen, gesellschaftliche Bezüge. Aber das Stück „Welt", das er vorzufinden hofft, ist die Welt des Autors beziehungsweise die Welt aus der Sicht des Autors. Der Leser erwartet zwar auch in diesem Fall, daß die mitgeteilten Fakten stimmen. Er hat jedoch Verständnis für Ungenauigkeiten, Verwechslungen oder Erinnerungslücken. Was ihn interessiert, ist ja vor allem die individuelle Sicht des Autors, seine Art, die Welt zu erleben, seine persönlichen Eindrücke und Erinnerungen. In diesem Fall erwartet der Leser gerade Bekenntnisse, Einseitigkeit, Subjektivität.

Und so könnte man nun noch lange fortfahren. An ein Gedicht treten wir mit anderen Erwartungen heran als an eine Kurzgeschichte; an ein Märchen mit anderen Erwartungen als an ein Drama. Wieder anders sind unsere Erwartungen gegenüber einer Sprichwortsammlung, einer Heldensage, einer Novelle, einem Hörspiel. All diese sprachlichen Formen verarbeiten und erschließen Wirklichkeit, aber jede auf andere Weise.

Es liegt wohl auf der Hand, wie wichtig es für das richtige Verständnis eines Textes ist, daß man möglichst genau weiß, in welcher literarischen Form er zu uns spricht. Denn nur dann weiß man, in welcher Weise er uns Wirklichkeit erschließt. Das gilt selbstverständlich für die Bibel genauso wie für jede andere Art von Literatur.

II. Was ist Formkritik?

Nach diesen ausführlichen Vorüberlegungen brauchen wir nun nicht mehr lange nach einer Definition für das zu suchen, was Formkritik ist.

Formkritik ist nichts anderes, als feste Formen der beschriebenen Art im Alltag oder in der Literatur, in mündlichen oder in schriftlichen Äußerungen des Menschen zu entdecken, zu beschreiben und schließlich ihre sprachliche Intention und ihren Sitz im Leben zu bestimmen.

Wir wollen uns über diese vier Schritte der Formkritik im folgenden noch einige Gedanken machen.

1. Die Entdeckung fester Formen

Im Jahre 1930 schrieb André Jolles sein berühmtes Buch „Einfache Formen".[3] Er untersuchte darin sprachliche Formen wie Legende, Sage, Rätsel, Spruch, Märchen, Witz und versuchte, das Eigentümliche und Besondere jeder dieser Formen herauszuarbeiten. An einem Buch wie dem von Jolles läßt sich ablesen, daß für die Formkritik nach dem 1. Weltkrieg das Zeitalter der Entdeckungen begonnen hatte. Es ist bis heute noch nicht beendet. Hierfür gibt es verschiedene Gründe.

Zunächst einmal: Die Zahl fester und geprägter Formen bildet keine Konstante, sondern sie wächst ständig. Technische und kulturelle Entwicklung schaffen für den Menschen immer neue Situationen – und jede neue Situation, in der sich der Mensch bewegt, bringt auch notwendig neue Formen des Sprechens hervor. So hat sich zum Beispiel der Wetterbericht in den letzten Jahrzehnten als eine geprägte Form herauskristallisiert – mit einem festen Aufbau und gleichbleibendem Stil („Die Wetterlage...", „Vorhersage...", „Weitere Aussichten..."). Er konnte erst entstehen, als zwei Dinge gegeben waren: 1. wissenschaftliche Erkundung des Wetters (moderne Metereologie), 2. tägliche Weitergabe neuester Nachrichten an einen großen Empfängerkreis (moderne Kommunikationsmittel). Als beides gegeben war, wurde der Wetterbericht als neue sprachliche Form geboren.

Aber auch in der Literatur entstehen ständig neue Formen und Gattungen. Eine literarische Form wie die folgende wird man in der Literatur vergangener Jahrhunderte vergeblich suchen. Es handelt sich um einen Text von Reinhard Lettau, veröffentlicht im Jahr 1963.[4]

Auftritt

Ein Herr tritt ein.
„Ich bin's", sagt er.
„Versuchen Sie es noch einmal", rufen wir.
Er tritt erneut ein.
„Hier bin ich", sagt er.
„Es ist nicht viel besser", rufen wir.
Wieder betritt er das Zimmer.
„Es handelt sich um mich", sagt er.
„Ein schlechter Anfang", rufen wir.
Er tritt wieder ein.
„Hallo", ruft er. Er winkt.
„Bitte nicht", sagen wir.
Er versucht es wieder.
„Wiederum ich", ruft er.
„Beinahe", rufen wir.
Noch einmal tritt er ein.
„Der Langerwartete", sagt er.
„Wiederholung", rufen wir, aber ach, nun haben wir zu lange gezögert,

nun bleibt er draußen, will nicht mehr kommen, ist weggesprungen,
wir sehen ihn nicht mehr, selbst wenn wir die Haustür öffnen und links
und rechts die Straße schnell hinunter schauen.

Was ist das seiner sprachlichen Form nach? Ein kleines Drama? Eine Kurzgeschichte? Ein Gleichnis? Keine dieser Gattungsbezeichnungen paßt auf unseren Text. Die Handlung besteht nur aus einer einzigen Szene und sie ist bis aufs äußerste gerafft. Die handelnden Personen werden nicht eingeführt und nicht beschrieben. Es wird nicht gesagt, wer mit dem „Wir" gemeint ist. Es wird auch nicht gesagt, wer der „Herr" ist, woher er kommt und wohin er sich entfernt. Die in Kurzgeschichten sonst übliche Erzählhaltung, die eine realistische Wiedergabe von Wirklichkeit voraussetzt, ist durchbrochen. Es wird so erzählt, als wäre Wirklichkeit gleichnishaft verdichtet – aber der Text ist kein Gleichnis. Der letzte Satz, auf den alles zuläuft, hat etwas von Geschehnissen, wie man sie in Träumen erlebt – aber unser Text ist nicht als Wiedergabe eines Traumes vorgestellt.

Texte dieser Art tauchen in der deutschen Literatur zum ersten Mal bei Franz Kafka (1883–1924) auf; inzwischen gibt es für sie viele Beispiele. Offensichtlich ist hier eine neue literarische Form entstanden, die besonders geeignet ist, die komplizierten Erfahrungen des 20. Jahrhunderts zur Sprache zu bringen. Denn die Form dieser Texte ist nach allen Seiten hin offen, sie ist hintergründig, sie ist fragmentarisch – genau wie die Erfahrungen des heutigen Schriftstellers. Die Literaturwissenschaft hat für solche Texte noch kein richtiges Wort; sie spricht vorläufig einfach von Kurzprosa.[5] Wir haben hier also ein Feld vor uns, auf dem für die Formkritik in Zukunft noch viele Entdeckungen zu machen sind.

Aber nicht nur die Entdeckung sich neu bildender sprachlicher Strukturen erweitert ständig unsere Kenntnis fester Formen und Gattungen. Das Zeitalter der Entdeckungen ist auch für die sprachlichen Äußerungen der Vergangenheit noch längst nicht zu Ende. So sind zum Beispiel in den letzten Jahrzehnten in der Bibel ständig neue Formen entdeckt worden, von denen man früher gar nicht wußte, daß sie überhaupt existierten.

Nehmen wir einmal an, ein Bibelwissenschaftler untersuche den Text Apg 9,3-6, in dem die Berufung des Paulus geschildert wird. Der Text lautet: „Während der Reise aber geschah es, als er sich Damaskus näherte, daß ihn plötzlich ein Licht vom Himmel umblitzte, und zur Erde stürzend hörte er eine Stimme, die zu ihm sprach: Saul! Saul! Warum verfolgst du mich? Er aber fragte: Wer bist du, Herr? Der aber: Ich bin Jesus, den du verfolgst. Doch steh auf und geh in die Stadt, und es wird dir gesagt werden, was du tun sollst."

In diesem Text fällt auf, daß die himmlische Stimme den (hebräischen) Namen des Paulus zweimal hintereinander nennt. Für eine formkritische Untersuchung geben solche stilistischen Phänomene oft sehr wertvolle Hinweise. Es liegt deshalb nahe, andere Texte der Bibel, in denen ebenfalls die Verdoppelung eines Namens vorkommt, zum Vergleich heranzuziehen, und zwar am besten so vollständig wie möglich. Dazu muß der betreffende Exeget freilich die ganze Bibel durchlesen. Denn es gibt kein Handbuch zur Bibel, in dem stilistische Phänomene wie Namensverdoppelung zusammengestellt sind. Auch ein Computer kann hierzu – wenigstens vorläufig – noch nicht befragt werden. Aber die Arbeit des Durchlesens lohnt sich. Denn es stellt sich heraus, daß Verdoppelungen eines Namens in der Bibel gar nicht so selten sind. Mehr noch: Bei einem Teil der biblischen Texte, in denen eine Namensverdoppelung vorkommt, handelt es sich entsprechend Apg 9, 3-6 um *Erscheinungstexte*.

Diesen Erscheinungstexten mit Namensverdoppelung hat jetzt natürlich die ganze Aufmerksamkeit zu gelten. Sie werden für die Untersuchung nebeneinander geschrieben und auf das genaueste miteinander verglichen. Und da zeigt sich nun, daß ein Teil dieser Erscheinungstexte formal ganz ähnlich aufgebaut ist wie Apg 9, 3–6. Die interessanteste Parallele ist Gen 46, 1–3. Dieser Text lautet:[6]

„Israel (=Jakob) brach auf mit allem, was ihm gehörte. Er gelangte zum Orte des Schwurbrunnens und brachte dem Gott seines Vaters Isaak Schlachtopfer dar. Da sprach Gott zu Israel in einer nächtlichen Vision: Jakob! Jakob! Er aber fragte: Was ist? Der sagte: Ich bin der Gott deiner Väter. Fürchte dich nicht, nach Ägypten hinabzuziehen! Denn zu einem großen Volk mache ich dich dort."

Der alttestamentliche und der neutestamentliche Text sind nach folgendem Schema aufgebaut:

① Beschreibung der Situation
② Redeeinführung
③ Verdoppelter Anruf von seiten des Erscheinenden
④ Redeeinführung
⑤ Frage des Menschen
⑥ Redeeinführung
⑦ Selbstvorstellung des Erscheinenden
⑧ Auftrag an den Menschen

Eine solche Gleichheit des formalen Aufbaus in mehreren Erscheinungstexten, die zudem noch an völlig verschiedenen Stellen der Bibel stehen, kann natürlich kein Zufall sein. Eine weitere Untersuchung ergibt, daß in anderen jüdischen Schriften, die nicht der Bibel angehören, Erscheinungen nach genau dem gleichen formalen Schema erzählt werden können. Zweifel sind nun nicht mehr möglich: Es gab im Alten Testament und in der jüdischen Literatur offensichtlich ein festgeprägtes Schema, das dazu benutzt werden konnte, Erscheinungsgespräche zwischen einer himmlischen Erscheinung und einem Menschen eindrucksvoll zu erzählen.[7] Es findet sich auch im Neuen Testament, und zwar in der Apostelgeschichte. Fazit: Ein neues Formschema ist entdeckt, dessen genaue Kenntnis für die Deutung und Beurteilung der betreffenden Erscheinungstexte von größter Wichtigkeit ist.

Selbstverständlich kann die Entdeckung einer festen sprachlichen Form auch ganz anders verlaufen. Es sollte nur an einem praktischen Beispiel gezeigt werden, daß trotz der fünfzig Jahre Formkritik an der Bibel auch hier das Zeitalter der Entdeckungen noch längst nicht zu Ende ist.

2. Die Beschreibung fester Formen

Ist eine sprachliche Form entdeckt, so kommt es in einem zweiten Schritt darauf an, sie so genau wie möglich zu beschreiben. Das ist oft nicht so leicht, wie es auf den ersten Blick aussieht. Denn nicht jede Form ist derart stereotyp und schematisch aufgebaut wie das soeben behandelte Erscheinungsgespräch. So ist zum Beispiel der Witz ganz sicher eine besondere und in sich stehende Form menschlichen Sprechens. Aber was macht eigentlich den Witz zum Witz? Wie läßt sich das für den Witz Typische sprachlich fassen und beschreiben? Ein anderes Beispiel: In allen neueren „Einleitungen ins Alte Testament" wird die Sage als eine besondere Erzählgattung der Bibel angeführt.[8] Wohl ganz zu recht! Aber was konstituiert die Form biblischer Sagen? Wodurch unterscheiden sich Sagen von Erzählungen anderer Art? Wie lassen sich die Unterschiede formal, das heißt von der sprachlichen Struktur her, beschreiben?

Am einfachsten ist es natürlich, wenn die zu beschreibende Form oder Gattung mit charakteristischen Wörtern und stets gleichbleibenden Formeln durchsetzt ist. So beginnen die meisten Märchen mit „Es war einmal...", und es hat sich eingebürgert, sie schließen zu lassen mit der Formel: „... und wenn sie nicht gestorben sind, dann leben sie heute noch."

Wenn wir irgendwo Wendungen begegnen wie „hochachtungsvoll", „mit vorzüglicher Hochachtung", „mit freundlichen Grüßen", „mit verbindlichstem Dank" oder „in herzlichster Verbundenheit", so ist klar, daß wir einen Brief vor uns haben. Stoßen wir hingegen auf Wendungen wie „von uns gegangen", „Ableben", „unvergessen", „ehrendes Gedenken", „in aller Stille" oder „in tiefer Trauer", so kann es sich nur um eine Todesanzeige handeln. Man spricht in Fällen dieser Art vom *Gattungsstil* einer bestimmten Form. Bei der Form des Erscheinungsgesprächs zum Beispiel gehören die Verdoppelung der Anrede und die Selbstvorstellung des Erscheinenden mit „ich bin" zum Gattungsstil.

Zur Beschreibung einer festen sprachlichen Form ist aber mehr erforderlich als nur die Herausarbeitung des Gattungsstils. Es ist auch zu untersuchen, ob die betreffende Form zu Beginn mit typischen, stets vorhandenen Formelementen eröffnet wird. Wir hatten solche Formelemente bei Briefanfängen kennengelernt: Angabe des Ortes, an dem der Brief geschrieben wird, Angabe des Datums, Anrede. Ein anderes Beispiel kann der alttestamentliche Hymnus liefern. Er beginnt, formkritisch gesehen, stets mit dem sogenannten *Aufgesang,* der zum feierlichen Lobpreis Gottes auffordert. In Psalm 33 liegt uns ein Hymnus vor, bei dem Aufgesang und Hauptstück des Hymnus besonders deutlich hervorgehoben sind:

„Jubelt, ihr Gerechten, über Jahwe,
den Rechtschaffenen ziemt Lobpreis.
Preiset Jahwe mit der Leier,
auf zehnsaitiger Harfe spielet ihm!
Singt ihm ein neues Lied,
rührt trefflich die Saiten mit Jubelschall!
Denn Jahwes Wort ist wahrhaftig,
und verläßlich all seine Taten..."
(Ps 33, 1–4)

Der Aufgesang des Hymnus ist an den fünf Aufforderungen „jubelt... preiset... spielet... singt... rührt" deutlich zu erkennen. Den Übergang zum Hauptstück des Hymnus markiert dann das „denn". Eingeleitet durch dieses „denn" werden die Gründe genannt, warum Jahwe Lobpreis und Jubel gebührt. Eine *Aufforderung* zum Lobpreis erfolgt hingegen nicht mehr. Der Aufgesang schließt also mit dem Wort „Jubelschall". Ähnlich beginnen alle alttestamentlichen Hymnen. Wir haben somit im Hymnus eine sprachliche Form vor uns, die sich gerade durch ihren Anfang zu erkennen gibt.

Es ist klar, warum eine geprägte sprachliche Form vor allem an ihrem Anfang gern vorgegebenen Formelementen folgt. Der Anfang muß ja dem Hörer oder dem Leser deutlich machen, um welche Art sprachlicher Äußerung es im folgenden überhaupt gehen soll. Außerdem ist beim Sprechen oder Schreiben oft gerade der Anfang am schwierigsten. Hier hält man sich deshalb besonders gern an ein festliegendes und allgemein häufiges Schema.

Ähnliches gilt für den *Abschluß* einer festen Form. Auch hier folgt die Sprache gern vorgegebenen Strukturen. So hat der alttestamentliche Hymnus im allgemeinen nicht nur einen Aufgesang, sondern auch einen deutlich markierten Abgesang. Die römische Oration schließt mit einer feierlichen Schlußformel. Die Paulusbriefe enden ohne Ausnahme mit einem liturgisch stilisierten Segenswunsch. Selbst Erzählungen enden in den allermeisten Fällen mit einem schematischen Abschluß. Dieser kann allerdings verschieden gestaltet sein. Die Wundererzählungen der drei ersten Evangelien klingen oft in einem sogenannten „Chorschluß" aus. Beispiele:

„Da erstaunten alle und fragten einander: Was ist das? Eine neue Lehre mit Macht? Selbst den unreinen Geistern gebietet er, und sie gehorchen ihm."
(Mk 1, 27)

„Da gerieten alle außer sich, sie priesen Gott und sagten: So etwas haben wir noch nie gesehen."
(Mk 2, 12)

„Da erfaßte sie große Furcht und sie sagten zueinander: Wer ist doch dieser, daß ihm sogar der Wind und die Wellen gehorchen?"
(Mk 4, 41)

„Sie konnten sich gar nicht fassen vor Staunen und sagten: Er hat alles gut gemacht. Den Tauben gibt er das Gehör und den Stummen die Sprache."
(Mk 7, 37)

„Da kam Furcht über alle, sie priesen Gott und sagten: Ein großer Prophet ist unter uns aufgestanden. Gott hat sein Volk in Gnaden angesehen."
(Lk 7, 16)

Diese Form des „Chorschlusses" am Ende von Wundergeschichten gibt es nicht nur in den Evangelien, sondern auch in heidnischen Wundergeschichten der damaligen Zeit. Es handelt sich also um ein festes und weitverbreitetes Schema.

Die angeführten Beispiele haben wohl deutlich gemacht, daß bei der Beschreibung einer geprägten Form ihrem Anfang und ihrem Schluß jeweils besondere Beachtung zukommt. Selbstverständlich darf auch die Frage, inwieweit ihr *Hauptteil* nach einem festen Schema gebaut ist, nicht vernachlässigt werden. Wir haben ja bereits mehrere Formen kennengelernt, die eine durchgehende Gliederung aufweisen, zum Beispiel die römische Oration und das Erscheinungsgespräch.

3. Der Begriff der sprachlichen Intention

Mit all dem ist es freilich noch längst nicht getan. Wer eine geprägte sprachliche Form beschreiben will, darf sich keinesfalls darauf beschränken, nur den äußeren Aufbau der betreffenden Form zu untersuchen. Er muß viel differenziertere Fragen stellen.

Eine dieser Fragen hat zum Beispiel zu lauten: Welche Art von Sprechen liegt in der zu beschreibenden Form überhaupt vor? Welches Ziel, welche Absicht hat hier die Sprache? Will sie etwas berichten oder will sie erzählen, will sie belehren oder verkünden, will sie anklagen oder ermahnen, befehlen oder bekennen?

Je nach dieser Grundintention der Sprache ergeben sich ganz verschiedene Formen und Gattungen. Es ist durchaus möglich, daß die Grundintention nicht am äußeren Aufbau eines Textes ablesbar ist, sondern erst durch eine sorgfältige sprachliche Analyse erschlossen werden kann. Gerade deshalb genügt es nicht, nur äußere Aufbaugesetze einer Gattung zu beschreiben; es muß unbedingt auch nach ihrer Intention gefragt werden. Die Einsicht in das, was eine bestimmte Sprachform eigentlich intendiert, ist für die Auslegung und Interpretation schlechthin entscheidend. Wir hatten schon gesehen, daß ein Roman etwas anderes will als eine Geschichtsdarstellung, eine Geschichtsdarstellung wieder etwas anderes als eine Autobiographie. Machen wir uns die Bedeutung der sprachlichen Intention für die Auslegung aber noch an einem viel einfacheren Beispiel klar, auf das wir ebenfalls schon gestoßen waren:

Jemand fragt einen anderen: „Wie geht es?", und dieser antwortet: „Danke, gut!" Wie wir sahen, dienen Frage und Antwort in diesem Fall nur höchst selten der Herbeiführung von Information. Im allgemeinen geht es bei derartigen Formen des Gesprächs nicht um den Austausch von Information, sondern um die Herstellung oder Bekräftigung von Gemeinschaft (Kommunikation). Wer deshalb in einem solchen Gespräch mit „Danke, gut" antwortet, spricht, selbst wenn es ihm alles andere als gut geht, keine Lüge aus. Er wollte mit dem „Danke, gut" ja nur zum Ausdruck bringen: „Ich bin gern bereit, mit dir Kommunikation aufzunehmen."

Ein zweites Beispiel: Jemand sagt zu einem anderen Menschen: „Ich liebe dich." Welche Art von Sprechen liegt hier vor? Falls es sich um reine Information handelt, wäre es durchaus sinngemäß, daß der andere diese Information sachlich zur Kenntnis nähme. Etwa mit der Bemerkung: „Gut! Ist in Ordnung."

Wie aber, wenn es sich der sprachlichen Grundintention nach gar nicht um Information, sondern um ein Bekenntnis gehandelt hätte – und zwar um ein Bekenntnis von höchster Dichte und Intensität? Dann wäre das Quittieren mit „Gut! Ist in Ordnung" eine furchtbare Antwort. Denn auf ein Bekenntnis kann man nur antworten, indem man sich abwendet oder selbst ein Bekenntnis ablegt. Die Einsicht in die Art menschlichen Sprechens ist bei unserem letzten Beispiel also von einer entscheidenden Bedeutung. Dasselbe gilt aber im Grunde von jeder Form menschlicher Rede: Was ist ihr Ziel? Was ihre Grundintention? Hier gelangt die Beschreibung einer bestimmten Form oder Gattung zu ihrem wichtigsten Punkt.

Aber sind das alles nicht bare Selbstverständlichkeiten? Wozu eigentlich Überlegungen dieser Art? Wer wird schon eine Form menschlichen Sprechens wie „Ich liebe dich" mißverstehen?

Man muß jedoch zurückfragen: Sind es wirklich Selbstverständlichkeiten? Wir sollten da nicht zu sicher sein. Vielleicht rühren viele bittere Enttäuschungen nur daher, daß Bekenntnisse als reine Informationen hingenommen und quittiert wurden. Eines ist jedenfalls klar: In der Geschichte der Kirche entstand sehr viel Verwirrung und unübersehbares Leid nur dadurch, daß man sich über die Grundintention bestimmter Gattungen und Formen keine

Rechenschaft ablegte. Man hielt biblische Texte, die verkünden wollten, für Berichte. Man hielt neutestamentliche Texte, die ermahnen wollten, für Gesetze. Man behandelte kirchliche Texte, die bekennen wollten, wie Informationen. Der Widerwille gegen eine bestimmte Form kirchlicher Dogmatik und dogmatischer Definitionen, der weithin existiert, ist doch nur dadurch entstanden, daß die Kirche sich damit begnügte, in Glaubenssätzen Sachinformationen über Gott zu liefern. In der Bibel waren aber Glaubenssätze nicht als eine Art Nachrichtenvermittlung gedacht. Sie waren ihrer Form nach eindeutig Bekenntnisse, staunende und dankbare Bekenntnisse der Heilstaten Gottes. Es ist höchste Zeit, dem Dogma diesen Sprachcharakter endlich wieder zurückzugeben.

4. Der sogenannte Sitz im Leben

In den drei vorangegangenen Abschnitten ging es um die Entdeckung und Beschreibung fester sprachlicher Formen und um den Begriff der sprachlichen Intention. Zum richtigen Verständnis dessen, was Formkritik ist, muß nun aber auch noch über den sogenannten Sitz im Leben gesprochen werden. Der Ausdruck stammt von dem Alttestamentler Hermann Gunkel, der die Formkritik als Methode in die moderne Bibelwissenschaft eingeführt hat. Was meint die Bibelwissenschaft mit dieser merkwürdigen Bezeichnung?

Den Ausgangspunkt bildet am besten wieder ein Beispiel: Wir hatten bereits die alttestamentliche Gattung des Hymnus kennengelernt. Wir hatten gesehen, daß der Hymnus einen festen Aufbau besitzt: Er beginnt mit dem Aufgesang, der zum Lobpreis Gottes auffordert. Dann folgt das Hauptstück, in dem der Lobpreis durch Aufzählen der Heilstaten Gottes begründet wird. Am Ende steht ein kurzer Abgesang, in dem oft ein Wunsch oder eine Bitte ausgesprochen wird. Die genaue Kenntnis dieses Aufbaus ist sehr wichtig für die Auslegung eines Hymnus. Aber ebenso wichtig für die Auslegung ist die Frage: Wo und bei welcher Gelegenheit wurde eigentlich ein solcher Hymnus angestimmt?

Um auf diese Frage eine Antwort zu finden, muß man die alttestamentlichen Hymnen selbst untersuchen – und zwar gerade ihren jeweiligen Aufgesang. Dann zeigt sich: 1. Aufgefordert zum Lobpreis Gottes wird fast nie ein einzelner, sondern in der überwiegenden Zahl aller Hymnen eine Gemeinschaft. Beispiel Ps 149, 1: „Sein Lob erschalle in der Gemeinde der Frommen". 2. Hymnen wurden offensichtlich nicht gebetet, sondern gesungen. Beispiel Ps 98, 1: „Singet Jahwe ein neues Lied". 3. Es handelt sich jedoch nicht um Gesang a capella, sondern man sang unter Begleitung von Musikinstrumenten. Beispiel Ps 150, 3–4: „Lobet ihn mit Hörnerschall, lobet ihm mit Harfe und Zither, lobet ihn mit Pauke und Reigen, lobet ihn mit Geige und Flöte." 4. Hymnen wurden nicht an jedem beliebigen Ort, sondern im Tempel gesungen. Beispiel Ps 150, 1: „Lobet Gott in seinem Heiligtum, lobet ihn in seiner starken Feste." Die alttestamentlichen Hymnen selbst zeigen also durch ihren Aufgesang: Der Hymnus ist ein Lied, das bei festlichen Gelegenheiten im Tempel unter Musikbegleitung gesungen wurde. Der Hymnus hat somit seinen „Sitz" im Tempelkult.

Ähnlich kann jede Form oder Gattung des Alten Testamentes auf ihren Sitz im Leben untersucht werden. Dabei zeigt sich, daß viel mehr alttestamentliche Gattungen ursprünglich mit dem Tempel oder mit Heiligtümern zu tun hatten, als man auf den ersten Blick annehmen möchte.

Jedem, der regelmäßig die 150 Psalmen des Psalteriums betet, ist wohl schon aufgefallen, wie ungewöhnlich oft da von Menschen die Rede ist, die einen Unschuldigen böswillig anklagen, ihn verfolgen und zu töten suchen. Weshalb spielt gerade dieses Thema in den Psalmen eine so große Rolle? Die Erklärung ist einfach: In Israel suchte man bei besonders schwierigen Rechtsfällen, die ein gewöhnlicher

Richter nicht entscheiden konnte, das zentrale Heiligtum auf und ließ dort durch einen Priester einen „Gottesspruch" fällen. Der Angeklagte bat zuvor Gott um seinen Rechtsspruch und erklärte zugleich feierlich seine Unschuld. Das geschah aber in einem Psalm; entweder in einem selbstverfertigten oder in einem, der als Formular bei den Priestern vorrätig war. Ein solches Gebet des Angeklagten vor dem Gottesspruch konnte zum Beispiel lauten:

„Jahwe, mein Gott, bei dir suche ich Zuflucht.
Rette mich vor meinem Verfolger!
Daß er nicht wie ein Löwe mein Leben zerreißt
und niemand rettet und befreit.
Jahwe, mein Gott, wenn ich dies getan,
wenn Unrecht an meinen Händen klebt,
wenn meinem Freunde ich Böses tat
und den beraubt, der grundlos mich bedrängt,
so verfolge der Feind meine Seele und hole sie ein!
Er trete mein Leben zu Boden
und werfe meine Ehre in den Staub! ...
Richte mich, Jahwe, nach meiner Gerechtigkeit
und nach meiner Unschuld!
Ein Ende finde die Bosheit der Schuldigen,
doch den Unschuldigen richte auf! ..."

Es handelt sich bei dem zitierten Gebet um den Anfang von Psalm 7. Der Beter hat im Heiligtum Zuflucht gesucht. Er beteuert in einem Eid unter bedingter Selbstverfluchung seine Unschuld und bittet um den Rechtsentscheid Gottes. Im Hintergrund von Psalm 7 steht also mit Sicherheit ein alter Vorgang der Rechtsfindung, der sich in einem israelitischen Heiligtum abspielte. Derselbe Hintergrund findet sich noch in vielen anderen Psalmen. Offensichtlich sind gerade Gebetsformulare der beschriebenen Art bei der Sammlung der Psalmen besonders stark berücksichtigt worden. Wir dürfen uns deshalb nicht wundern, wenn im Psalterium so oft von Verfolgern und unschuldig Angeklagten die Rede ist. Man versteht vieles an diesen Psalmen nicht, wenn man nicht ihren ursprünglichen Sitz im Leben kennt. Man begreift überhaupt viele alttestamentlichen Formen und Gattungen nicht, wenn man nicht weiß, daß sie ursprünglich einmal in Heiligtümern oder im Tempel ihren Ort hatten.

Für das Neue Testament spielt der jüdische Tempel selbstverständlich keine Rolle mehr. Wohl aber kommen – analog zum Alten Testament – auch hier sehr viele Formen und Gattungen aus dem Gottesdienst der Gemeinde. Die formkritische Arbeit der letzten Jahrzehnte hat aus den Büchern des Neuen Testaments eine ganze Reihe von Liedern, liturgischen Formeln und Glaubensbekenntnissen isoliert, die aus dem urchristlichen Gottesdienst stammen. Gerade in die neutestamentliche Briefliteratur und in die Johannesapokalypse ist von den jeweiligen Verfassern sehr viel liturgisches Traditionsgut aufgenommen worden.

Sehr wichtig ist natürlich die Frage, ob auch die vier Evangelien Formen und Gattungen enthalten, die ursprünglich ihren Sitz im Gemeindegottesdienst hatten. Man hat über dieses Problem schon viel nachgedacht. Es gibt zum Beispiel bei Mattäus, Markus und Lukas eine Anzahl relativ kurzer, abgerundeter und in sich geschlossener Erzählungen, die belehrenden Charakter haben, die an langen Schilderungen und Details uninteressiert sind, deren Ziel und Höhepunkt vielmehr ein einzelnes Jesuswort bildet. Einen guten Beleg bietet Markus 2, 18–20:

„Die Jünger des Johannes und die Pharisäer pflegten zu fasten. Nun kamen Leute und fragten (Jesus): Warum fasten die Jünger des Johannes und die Jünger der Pharisäer, und nur deine Jünger fasten nicht? Da sprach Jesus zu ihnen: Können denn die Hochzeitsgäste fasten, während der Bräutigam bei ihnen ist? Solange sie den Bräutigam bei sich haben, können sie nicht fasten. Es werden aber Tage kommen, da ihnen der Bräutigam entrissen wird; dann werden sie fasten."

Es ist klar, daß dieser Text, bevor er in eine Evangelienschrift übernommen wurde, ursprünglich einmal isoliert überliefert worden war. Es ist außerdem klar, daß er aufs beste geeignet war, zur Praxis des Fastens ein klärendes Wort zu sagen. Martin Dibelius, der Begründer der neutestamentlichen Formkritik, hat deshalb die These vertreten, Texte dieser Art seien vor ihrer Aufnahme in ein Evangelium als *Predigtbeispiele* überliefert worden. Er nennt diese Form der knappen, belehrenden Erzählung mit einem Jesuswort im Mittelpunkt demzufolge Paradigma (= Beispielerzählung).[9] Seine These ist zwar bis heute umstritten, aber die Möglichkeit, daß die urchristliche Predigt den Sitz im Leben derartiger Erzählungen gebildet haben könnte, ist nicht von der Hand zu weisen.

Man darf nun allerdings nicht in die törichte Annahme verfallen, der ursprüngliche Ort sämtlicher biblischer Formen sei der Kult beziehungsweise der Gottesdienst gewesen. Hinter der Bibel stehen noch ganz andere Institutionen; Institutionen, die eigene Gattungen und Formen hervorbrachten. Wer zum Beispiel die alttestamentliche Weisheitsliteratur aufschlägt, stößt auf umfangreiche Sprichwortsammlungen und Zusammenstellungen von Lebens- und Erziehungsregeln. Er kann dort etwa lesen:

„Gottesurteil ist auf den Lippen des Königs; beim Rechtsspruch verfehlt sich sein Mund nicht". (Spr 16, 10)

„Besser ein Langmütiger als ein Kriegsheld, besser ein Selbstbeherrscher als ein Städte-Eroberer". (Spr 16, 32)

„Wenn einer Antwort gibt, bevor er zugehört hat, gereicht ihm das zur Torheit und Schande". (Spr 18, 13)

„Süß schmeckt dem Menschen das Brot des Betrugs; danach aber füllt sich sein Mund mit Kieseln". (Spr 20, 17)

„Pläne kommen durch Beratung zustande, und mit Überlegung führe den Krieg!" (Spr 20, 18)

Solche Sätze stammen selbstverständlich nicht aus dem Gottesdienst. Es handelt sich aber auch nicht einfach um frei umlaufende Sprichwörter, die das Volk eben bei Gelegenheit gebrauchte. Der Sitz im Leben läßt sich genauer bestimmen: Die zitierten Sprüche wurden im alten Israel beim Unterricht verwendet, und zwar beim Unterricht für künftige Beamten und Diplomaten am königlichen Hof. Es waren Schultexte, mit denen Schreib- und Leseübungen veranstaltet wurden; zugleich jedoch lernten die vornehmen Schüler am Königshof mit ihrer Hilfe Regierungskunst, Lebensart und höfisches Benehmen.

Gerade der ursprüngliche Zweck alttestamentlicher Spruchsammlungen zeigt, wie vorsichtig man bei einem Text aus dem Altertum mit der Bestimmung des Sitzes im Leben sein muß. Hier gilt es zunächst einmal, von unseren Erfahrungen und von unserem Lebensgefühl völlig abzusehen. Dafür noch ein Beispiel aus einer Kultur, die uns zeitlich nähersteht, der höfischen Kultur des Mittelalters:

Dû bist mîn, ich bin dîn:
des solt dû gewis sîn.
du bist beslozzen
in mînem herzen,
verlorn ist daz sluzzelîn:
du muost och immer darinne sîn.

Du bist mein, ich bin dein:
dessen darfst du gewiß sein.
Du bist beschlossen
in meinem Herzen,
verloren ist das Schlüsselein:
du mußt nun immer darinnen sein.

Wenn wir nur unserem Gefühl nach den Sitz im Leben dieses Minneliedes zu bestimmen hätten, so würden wir wohl sagen: Es handelt sich um ein Gedicht, das ein Verliebter seiner Geliebten dichtete und das er ihr dann zuschickte oder in einer besonderen Stunde vortrug. Der Sitz im Leben wäre somit die private Beziehung zweier Liebender.

In Wirklichkeit ginge diese Deutung jedoch völlig an der Sache vorbei. Ein mittelalterliches Minnelied wurde allein dazu gedichtet, um bei einem höfischen Fest vor den Ohren aller, womöglich im Wettbewerb mit anderen Dichtern, vorgesungen zu werden. Es richtete sich zwar an eine bestimmte Frau – aber diese war verheiratet und sie war nur Partnerin eines kultivierten und bis ins letzte verfeinerten höfischen Spiels, bei dem der Gatte geschmeichelt zuhörte und das dem Sänger am Ende klingenden Lohn einbrachte. Auch hier ist also der Sitz im Leben nicht der private Bereich des einzelnen, sondern eine gesellschaftliche Institution.

Ähnliches ließe sich bei vielen Gattungen und Formen der Vergangenheit nachweisen: Etwa bei der Sage, die abends am Feuer der Sippe vorgetragen wurde, oder beim Märchen, das die winterliche Spinnstube voraussetzt, oder beim antiken Drama, dessen Ursprung in den religiösen Festen der griechischen Stadtstaaten lag.

Die hier angeführten Beispiele Minnelied, Sage, Märchen und antikes Drama zeigen sehr deutlich, daß der Sitz früherer Gattungen und Formen offensichtlich in den meisten Fällen eine feste gesellschaftliche Institution gewesen ist. Was geschah aber, wenn diese Institutionen sich allmählich auflösten und untergingen? Die Zeit der Ritterburgen, die Zeit der Spinnstuben und Sagenerzähler und erst recht die Zeit der altgriechischen Feste ist ja endgültig vorbei. Sind mit den alten Institutionen auch die sprachlichen Formen, die von diesen Institutionen einst hervorgebracht wurden, untergegangen?

Bei der Sage ist dies mit Sicherheit der Fall. Das Stammes- und Sippengefühl, die Verbundenheit mit den Vorfahren und vor allem die Art der Geschichtserfahrung, wie sie die Sage voraussetzt, sind uns unwiderruflich verloren gegangen. Gerade die krampfhaften Bemühungen der Nationalsozialisten haben das in aller Deutlichkeit gezeigt. Vielleicht gab es von der deutschen Romantik bis zum Ende des Nationalsozialismus noch einmal so etwas wie eine schwache Wiederbelebung der Sage. Aber auch das ist vorbei. Die Gattung „Sage" ist heute tot. Ein moderner Dichter könnte keine Sage mehr schreiben, selbst wenn er es wollte. Schon allein die Tatsache, daß er sie *schreiben* müßte, ist ja verräterisch.

Anders liegen die Dinge jedoch beim Minnelied. Die Form, in der diese Lieder gedichtet waren, ist weiter gepflegt worden – bis in unsere Zeit hinein. Die sprachliche Form hat sich also in diesem Fall von der höfischen Institution, in der sie ursprünglich ihren Ort hatte, gelöst. Zur Zeit Goethes war es bereits möglich, daß ein Liebeslied überhaupt nicht mehr für irgendeinen konkreten Zuhörerkreis, sondern für die unbekannten Leser und Leserinnen einer literarischen Zeitschrift gedichtet wurde.

Ähnliches gilt für das Drama. Das alte Griechenland ist zwar versunken. Das Dionysosfest in Athen wird nicht mehr gefeiert. Aber die Form des Dramas lebt. Es erlebte sogar in der bürgerlichen Bildungsgesellschaft des 19. Jahrhunderts eine ausgesprochene Blütezeit. Nur wurde es jetzt in pompösen Schauspielhäusern vor einem Publikum aufgeführt, das zu einem Großteil von dem religiösen Ursprung des Dramas keine Ahnung mehr hatte.

Und wie ist es mit dem Märchen? Auch die Zeit des Märchens scheint vorbei zu sein. Die Schallplatte kann die märchenerzählende Großmutter nicht ersetzen. Trotzdem ist die Gattung „Märchen" nicht einfachhin tot. Sie lebt weiter bei Schriftstellern, die sich bewußt der sprachlichen Form des Märchens bedienen, um Geschehnisse der Gegenwart zu beleuchten oder zu karikieren. Gerade in einem solchen Fall wird die äußere Form des Märchens aufs sorgfältigste beibehalten, der Zweck jedoch, warum das Märchen erzählt wird, die Grundintention der Sprache des Märchens und der Zuhörerkreis, dem es erzählt wird, haben sich völlig gewandelt.

Mit all dem ist wohl deutlich geworden, wie verschieden das Schicksal einer sprachlichen Form sein kann: Es kann sein, daß sie den Untergang der Institution, die sie trug, nicht überlebt (Beispiel: Sage). Es kann sein, daß sie sich von ihrem Ursprung löst und eine neue Institution findet. Sie wechselt dann sozusagen ihren Sitz im Leben (Beispiel: Minnelied, antikes Drama). Es kann aber auch sein, daß eine bestimmte Form bewußt zu einem anderen Zweck und für einen anderen Zuhörerkreis eingesetzt wird (Beispiel: Märchen bei modernen Autoren). Auch dann muß von einer Veränderung des Sitzes im Leben gesprochen werden.

Die Überlegungen, die wir hier anhand des Minnelieds, der Sage, des Märchens und des Dramas angestellt haben, sind für den Umgang mit der Bibel von größter Wichtigkeit. Wenn heute ein Pfarrer beim Breviergebet den 122. Psalm betet („Wie freute ich mich, da man mir sagte: Wir ziehen zum Hause Jahwes …"), so spricht er ein uraltes jüdisches Prozessionslied, das man sang, wenn man sich bei der jährlichen Wallfahrt dem Tempel näherte, beziehungsweise, wenn man den Tempelbezirk erreicht hatte. Auch Jesus wird dieses Lied gesungen haben, wenn er mit seinen Eltern nach Jerusalem wallfahrte. Wie hat sich hier der Sitz im Leben gewandelt – vom jubelnden Wallfahrtslied zum stillen Breviergebet! Höchstens das Auf- und Abgehen des brevierbetenden Pfarrers könnte noch an den alten Sitz im Leben erinnern. Und so ließen sich nun noch leicht zahllose Beispiele anführen. Nahezu alle alttestamentlichen Texte erhalten, wenn wir sie heute verwenden, einen neuen Sitz im Leben. Denn die Institutionen Israels, in denen sie ehemals ihren Ort hatten, sind untergegangen.

Es kann nun aber sein, daß sich bereits innerhalb der Bibel selbst der Sitz im Leben einer bestimmten Gattung allmählich veränderte oder daß er sogar bewußt verändert wurde. Da ist zum Beispiel das alttestamentliche Leichenlied. Es wurde von berufsmäßigen Klageweibern, aber auch von Verwandten und Freunden an der Bahre des Toten angestimmt. Die Rhythmen dieser Lieder, ihre Sprache, die ganz und gar nur Klage war, die Flöten, die sie begleiteten, und die Schreie der Trauernden bildeten eine unverwechselbare und in sich stehende Einheit. Ihr Sitz im Leben ist klar. Er könnte gar nicht eindeutiger sein. Charakteristisch für den Gattungsstil des Leichenliedes ist der Ausruf „Ach, wie ...", der zu Anfang, der aber auch innerhalb des Liedes stehen kann. Eines der größten und erschütterndsten Beispiele der Gattung ist das Leichenlied, das David für Saul und Jonatan sang, als sie im Kampf gegen die Philister gefallen waren. Es ist zugleich eine der ältesten uns erhaltenen Dichtungen aus Israel:

Die dein Stolz waren, Israel,
auf deinen Höhen liegen sie erschlagen.
Ach, wie sind die Helden gefallen!

Meldet es nimmer in Gat,
berichtets nimmer in Askalons Straßen,
sonst freun sich die Töchter der Philister,
sonst jubeln die Töchter der Unbeschnittenen!

Ihr Berge von Gilboa, nicht Tau noch Regen,
kein Feld mit Erstlingsgarben bedecke euch mehr!
Denn dort ward besudelt der Schild der Helden,
der Schild Sauls, die Waffe, die mit Öl gesalbt.

Ohne das Blut von Erschlagenen,
ohne das Mark der Helden
kehrte Jonatans Bogen nie heim.
Und das Schwert Sauls –
ohne Beute kehrte es niemals zurück.

Saul und Jonatan, einander lieb und freundlich,
in ihrem Leben, in ihrem Tod ungetrennt,

schneller als Adler waren sie,
stärker als Löwen.

Ihr Töchter Israels,
weinet um Saul,
der euch in köstlichen Purpur gekleidet,
der Goldschmuck auf euer Gewand geheftet!

Ach, wie sind die Helden gefallen im Kampf,
auf deinen Höhen liegt Jonatan erschlagen!

Wie weh ist mir um dich, mein Bruder Jonatan!
Du warst mir so lieb.
Köstlicher war deine Liebe mir
als die Liebe der Frauen.

Ach, wie sind die Helden gefallen,
vernichtet die streitbaren Krieger!
(2 Sam 1, 19–27)

Es läßt sich innerhalb des Alten Testamentes verfolgen, wie diese so eindringliche und festumrissene Gattung des Leichenliedes seit dem Auftreten der großen Propheten auch einem ganz anderen Zweck dienstbar gemacht werden konnte: der Verspottung und der Verhöhnung. Das Leichenlied wurde zum Spottlied. Das berühmteste Beispiel dafür ist Jes 14, 4–21. Ein Prophet (Jesaja?) stimmt ein Leichenlied auf einen ausländischen Großkönig an. Der Name des Königs ist nicht genannt. Aber es muß ein ganz bestimmter babylonischer oder assyrischer König gewesen sein – also ein Vertreter jener beiden Weltmächte, unter denen Israel so unendlich zu leiden hatte. Das Lied schildert zunächst, wie die ganze Welt beim Tode dieses Herrschers aufatmet und in Jubel ausbricht. Dann wird ausgemalt, wie der Verstorbene in der Unterwelt ankommt und wie ihn dort die Bewohner des Totenreiches begrüßen, und zwar mit einem Leichenlied. Wir haben also ein Leichenlied im Leichenlied vor uns – doppelter Hohn!

Man muß sich vorstellen, wie das Lied im Rhythmus der wirklichen Totenklage vor einer großen Schar von Zuhörern vorgetragen wurde. Man muß sich weiterhin vorstellen, daß der König, dessen Totenklage da veranstaltet wurde, noch lebte und gesund war, um den bitteren Hohn des Ganzen zu ahnen. Wir können wohl kaum ermessen, wie ein Leichenlied für einen Lebenden auf die damaligen Menschen wirken mußte. Für sie war ja das gesprochene Wort eine viel dichtere und gefülltere Wirklichkeit als für uns. Das richtige Wort an der richtigen Stelle war eine wirkende Macht. Wenn ein Leichenlied auf einen noch Lebenden angestimmt wurde, so hieß das eben, daß er nun mit Sicherheit sterben mußte.

Es leuchtet wohl ein, wie sehr dieses Lied seine durchschlagende Wirkung gerade dadurch erhielt, daß es aufs sorgfältigste die Form des Leichenliedes nachahmte – und in Wirklichkeit eben doch ein Spottlied war, mehr noch, eine schneidende Prophetie, die den baldigen Tod des Großkönigs ankündigte. Wir haben hier also ein drastisches Beispiel für eine bewußte Änderung des Sitzes im Leben einer bestimmten Form vor uns. Und zwar innerhalb der Bibel selbst!

Solche Vorgänge, in denen eine geprägte Form übernommen, ihr aber zugleich eine völlig neue Funktion gegeben wird, sind in der Bibel gar nicht so selten. Wir werden noch sehen, daß auch Jesus in seiner Predigt altvertraute Formen für eine neue Zielsetzung übernommen und verfremdet hat.

Überhaupt ist die Übernahme fester Formen mit einer bewußten Änderung ihrer Funktion – und das heißt eben auch: ihres Sitzes im Leben – viel häufiger als wir denken. Vor einigen Jahren brachten portugiesische Studenten ein Flugblatt mit einer provokativen Äußerung über Jesus in Umlauf. Sinn dieser Äußerung war: Jesus ist ganz anders gewesen, als ihr denkt. Er läßt sich nicht von eurer bürgerlich-faschistischen Gesellschaft vereinnahmen. Er war ein Außenseiter. Und wenn er heute bei uns lebte, wäre er wieder ein Außenseiter. Man würde ihm den Prozeß machen wie damals.

Die Studenten sagten das allerdings nicht in dieser theoretischen Form, sondern sie sagten es in Form eines Steckbriefs.[10]

> Zweckdienliche Angaben werden erbeten zwecks Festnahme des Jesus Christus, angeklagt wegen Verführung, anarchistischer Tendenzen, Verschwörung gegen die Staatsgewalt.
> Besondere Kennzeichen: Narben an Händen und Füßen.
> Angeblicher Beruf: Zimmermann.
> Nationalität: Jude.
> Decknamen: Menschensohn, Friedensfürst, Licht der Welt.
> Ohne festen Wohnsitz.
> Der Gesuchte predigt Gleichheit aller Menschen, vertritt utopische Ideen und muß als gefährlicher Aufrührer bezeichnet werden.
> Hinweise an jede Polizeistation.

Auch in der Literatur stößt man auf zahlreiche Fälle, in denen geprägte Gattungen und Formen zu einer ihnen an sich fremden Zielsetzung verwandt werden und so ihr ursprünglicher Sitz im Leben völlig verändert wird. So gab etwa Goethe seinem Roman „Die Leiden des jungen Werther", der ihn über Nacht weltberühmt machte, die Form einer Dokumentensammlung.

Der Roman beginnt mit einer Notiz des Herausgebers, der behauptet, er habe von der Geschichte des armen Werther alles an Dokumenten gesammelt, was er nur habe auffinden können, und lege es dem Leser nun vor. Der Roman selbst besteht dann zum größten Teil aus Briefen, die in chronologischer Ordnung aneinander gereiht sind. Erst gegen Ende meldet sich der Herausgeber selbst etwas stärker zu Wort, wobei er folgendermaßen beginnt:[11]

„Wie sehr wünscht' ich, daß uns von den letzten merkwürdigen Tagen unseres Freundes so viel eigenhändige Zeugnisse übrig geblieben wären, daß ich nicht nötig hätte, die Folge seiner hinterlaßnen Briefe durch Erzählung zu unterbrechen.

Ich habe mir angelegen sein lassen, genaue Nachrichten aus dem Munde derer zu sammeln, die von seiner Geschichte wohl unterrichtet sein konnten; sie ist einfach, und es kommen alle Erzählungen davon bis auf wenige Kleinigkeiten miteinander überein; nur über die Sinnesarten der handelnden Personen sind die Meinungen verschieden und die Urteile geteilt.

Was bleibt uns übrig, als dasjenige, was wir mit wiederholter Mühe erfahren können, gewissenhaft zu erzählen, die von dem Abscheidenden hinterlaßnen Briefe einzuschalten und das kleinste aufgefundene Blättchen nicht geringzuachten ..."

Schon allein dieser Text zeigt in aller Deutlichkeit: der äußeren Form nach sind „Die Leiden des jungen Werther" eine Dokumentensammlung mit Notizen und abschließendem Bericht des Herausgebers. Die äußere Form trügt jedoch. In Wirklichkeit handelt es sich um einen Roman. Gerade an diesem letzten Beispiel wird endgültig deutlich: Die Beschreibung einer äußeren Form allein genügt noch nicht für die Formkritik. Auch die Funktion einer Form und ihr jeweiliger Sitz im Leben muß bestimmt werden. Dabei ist stets damit zu rechnen, daß eine Form zweckentfremdet verwendet werden kann, daß mit ihr gespielt wird, daß sie eine ganz neue Funktion und einen ganz neuen Sitz im Leben erhält.

Das Gesagte muß an allgemeinen Überlegungen zur Aufgabenstellung und Arbeitsweise der Formkritik genügen. Bevor wir uns nun ausschließlich den festen Formen und Gattungen der Bibel zuwenden, ist aber noch eine terminologische Bemerkung angebracht. Der aufmerksame Leser wird längst festgestellt haben, daß in unserem Buch die Begriffe „Form" und „Gattung" häufig undifferenziert nebeneinander verwendet wurden. Hierin spiegelt sich ein terminologisches Problem der gegenwärtigen Literaturwissenschaft. Eine große Zahl von Wissenschaftlern unterscheidet überhaupt nicht zwischen Form und Gattung. Andere nennen kleinere Einheiten „Formen", Großformen wie Roman oder Drama hingegen „Gattungen". Eine dritte Gruppe von Wissenschaftlern nennt die Struktur eines einzelnen, individuellen Textes „Form", typische Formen hingegen, die häufig wiederkehren, „Gattung".[12] Nach der Terminologie dieser dritten Gruppe müßte an fast allen Stellen unseres Buches, wo der Ausdruck Formkritik verwendet wird, von „Gattungskritik" gesprochen werden. Leider haben sich die Literaturwissenschaftler, wie das oft bei Wissenschaftlern zu sein pflegt, über ihre Terminologie noch nicht geeinigt. Und da der Ausdruck Formkritik nach wie vor fast überall in einem umfassenden Sinne (also auch im Sinne von Gattungskritik) verwendet wird, kann er hier nicht unterschlagen werden.

III. Feste Formen in der Bibel

1. Die Vielzahl biblischer Gattungen und Formen

Normalerweise enthalten Bücher nur eine einzige Gattung. Wer in eine Buchhandlung geht und „Die Buddenbrooks" von Thomas Mann kauft, bekommt ein Buch, das vom Anfang bis zum Ende ein „Roman" ist und nichts anderes. Wer statt dessen lieber eine „Geschichte Deutschlands im 19. Jahrhundert" erwirbt, erhält ein Buch, das vom Anfang bis zum Ende Geschichtsschreibung ist und nichts anderes. Und wer in einer Musikalienhandlung ein Heft mit Schubertliedern ersteht, findet in diesem Heft eine Liedersammlung und ganz gewiß nichts anderes. Ein Buch, in dem hintereinander „Die Buddenbrooks", eine „Geschichte Deutschlands im 19. Jahrhundert" und eine Sammlung von Schubertliedern abgedruckt wären, gibt es nicht. Darf man also folgern: Ein Buch enthält immer und ausnahmslos nur eine einzige literarische Gattung? Dieser Schluß wäre falsch.

Wir brauchen nur die „Gesammelten Werke" eines großen Dichters aufzuschlagen – nach Möglichkeit in einer Dünndruckausgabe, die lediglich einen Band umfaßt – um sofort zu sehen, daß es Ausnahmen gibt. Wir stoßen dann vielleicht in einem einzigen Band auf so verschiedene Gattungen wie Roman, Versepos, Drama, Novelle, Gedicht, Aphorismus und Brief. Immerhin haben in diesem Fall sämtliche Texte, so verschiedenen Gattungen sie auch angehören mögen, eines gemeinsam: sie stammen alle von demselben Dichter, ja, sie sind vielleicht sogar „Bruchstücke einer einzigen, großen Konfession", wie Goethe von seinen Werken gesagt hat.

Es gibt jedoch Bücher, in denen nicht nur ganz verschiedene literarische Gattungen und Formen enthalten sind, sondern in denen auch ganz verschiedene Autoren zu uns sprechen. Ein gutes Beispiel sind die Lesebücher, die an Höheren Schulen verwendet werden. Sie sind oft wie ein buntes Mosaik. Wenn ich mein altes Lesebuch aus dem Bücherschrank hervorhole, dann finde ich in seinem ersten Teil neben vielem anderen:

> das Vaterunser aus der gotischen Bibel
> Spruchweisheit aus der Edda
> germanische Zaubersprüche
> ein Fragment aus dem Hildebrandslied
> eine isländische Saga
> einen Teil des Nibelungenliedes
> Minnelieder
> einen Text aus der Limburger Chronik
> einen Abschnitt aus einem Rechtsbuch (Sachsenspiegel)
> einen Abschnitt aus einem Traktat des Meister Eckhard
> ein Fastnachtsspiel von Hans Sachs
> Proben aus der Bibelübersetzung Martin Luthers
> Gedichte aus der Barockzeit
> Abschnitte aus dem Simplizissimus Christophs von Grimmelshausen
> eine Hochzeitspredigt Abrahams a Santa Clara

Wieviel Jahrhunderte, wieviel Autoren, wieviel verschiedene Gattungen kommen hier zu Wort! Man kann – lediglich aufgrund des Inhaltsverzeichnisses – eine ganze Liste von Gattungen zusammenstellen: Gebet, Predigt, Erbauungsschrift, Spruch, Sprichwort, Sage, Schwank, Rechtsbuch, Chronik, Lied, Gedicht. Eine solche Vielfalt von Autoren und Gattungen ist nur möglich bei einem Buch, in dem die verschiedenste Literatur aus den verschiedensten Zeiten zusammengetragen ist.

Ein solches Buch ist nun aber auch die Bibel. In der Bibel sind Texte vieler Jahrhunderte, vieler Autoren und vor allem Texte, die den verschiedensten Gattungen angehören, gesammelt. Da sind die vier Evangelien, da sind Briefe und

Briefsammlungen, da sind Prophetenbücher und Offenbarungsschriften, Lehrschriften und Weisheitsbücher, da ist ein ganzes Gesangbuch, nämlich eine Sammlung von 150 Psalmen, und da sind schließlich die sogenannten Geschichtsbücher. Dieses Wort sollte man allerdings besser vermeiden, denn die biblischen Geschichtsbücher sind keine Geschichtsbücher im modernen Sinn.

Das wären im wesentlichen die Gattungen der biblischen Bücher. Wichtig ist nun aber, daß diese großen Gattungen in sich noch einmal die verschiedensten kleineren Gattungen enthalten. So unterscheidet die moderne Exegese in der Bibel zwischen Geschichtsbericht, Sage, Mythos, Märchen, Fabel, Paradigma, Predigt, Ermahnung, Bekenntnis, Lehr-Erzählung, Gleichnis, Parabel, Bildwort, Prophetenspruch, Gesetzesspruch, Weisheitsspruch, Sprichwort, Rätsel, Rede, Vertrag, Liste, Gebet, Lied.

Und diese Aufzählung ist keineswegs erschöpfend. Die formkritische Arbeit der letzten Jahrzehnte und der Gegenwart hat eine noch weit größere Zahl fester Gattungen in der Bibel entdeckt und sie entdeckt ständig weitere. Vor allem lassen sich die meisten der aufgezählten Gattungen weiter differenzieren. So stehen etwa im Buch der Psalmen ganz verschiedene Arten von Liedern. Wir finden dort Hymnen, Klagelieder und Danklieder, die sich allein schon durch ihre Form deutlich voneinander unterscheiden. Weitere Liedgattungen finden sich außerhalb des Psalters: Spottlieder, Kampflieder, Siegeslieder, Leichenlieder, Hochzeits- und Liebeslieder. Ähnlich könnten auch andere der oben aufgezählten Gattungen weiter differenziert werden.

Man muß tatsächlich sagen: Das Buch, das wir Bibel nennen, enthält eine kaum übersehbare Fülle der verschiedensten Gattungen und Formen. Aber nicht nur die hohe Zahl dieser verschiedenen Gattungen ist bemerkenswert, sondern auch, wie sehr sie sich voneinander unterscheiden und in wie verschiedener Weise sie Wirklichkeit aussagen.

Wir hatten gesehen: Es gibt bei uns kein Buch, in dem ein Roman, eine geschichtliche Darstellung und eine Liedersammlung in einem einzigen Band abgedruckt sind. Die Bibel jedoch vereinigt in sich derartige Gegensätze. Oder lassen sich Formen menschlichen Sprechens ausdenken, die einander noch stärker entgegengesetzt wären als das Jonabuch, die Geschichte von der Thronfolge Davids, die Weisheit des Predigers, die Worte der Offenbarung des Johannes oder die Liebeslyrik des Hohenliedes?

Leider haben die vergangenen Jahrhunderte für die Farbigkeit und den Formenreichtum der Bibel keinen Blick gehabt. Man kannte eigentlich nur drei Gattungen biblischer Bücher: Geschichtsbücher, Lehrbücher und prophetische Bücher. Diese oberflächliche und mechanische Einteilung führte dazu, daß „Tobias" zu den Geschichtsbüchern, „Jona" zu den prophetischen Büchern und der Psalter zu den Lehrbüchern gerechnet wurde. Immerhin: Hätte man wenigstens die Verschiedenheit dieser drei Gattungen noch ernstgenommen! Aber in Wirklichkeit kam es noch schlimmer: Herausgestellt und ins Bewußtsein gehoben wurden in unverhältnismäßiger Weise die sogenannten „Geschichtsbücher". Die Bibel wurde eingeebnet zur „Biblischen Geschichte".

Man muß sich daraufhin nur einmal die alte Eckerbibel ansehen, die in Deutschland bis 1957 für den katholischen Religionsunterricht in Gebrauch war. Die Lehr- und Prophetenbücher treten hier gegenüber den sogenannten „Geschichtsbüchern" völlig in den Hintergrund. Von den Propheten sind fast nur messianische Texte aufgenommen und selbst diese sind in Kleindruck gesetzt. Und die „Geschichtsbücher"? Sie dienen als Steinbruch für eine kontinuierliche Geschichtsdarstellung, in die dann sogar Bücher wie Ijob, Jona, Tobias und Daniel irgendwo eingebaut sind. Das Schlimmste aber ist: In dieser kontinuierlichen Geschichtsdarstellung finden sich Passagen, die in der Bibel überhaupt nicht vorkommen. Sie stehen nahtlos und ohne

Kennzeichnung zwischen wirklich biblischen Texten und verstärken so den Eindruck, als biete die Bibel eine zusammenhängende, in sich abgerundete und einheitliche Darstellung der Geschichte. Dazu ein Beispiel! Die Eckerbibel beendet ihre Darbietung der Apostelgeschichte folgendermaßen[13]:

„(5. Paulus kommt nach Rom.) Nach drei Monaten fuhren sie weiter. Als sie in *Rom* ankamen, wurde dem Paulus erlaubt, eine eigene Wohnung zu beziehen; nur wurde er von einem Soldaten bewacht. Zwei volle Jahre blieb er in seiner Mietwohnung und nahm alle auf, die zu ihm kamen. Er predigte das Reich Gottes und trug die Lehre vom Herrn Jesus Christus vor mit allem Freimut und ungehindert.

Nach zweijähriger Gefangenschaft wurde der Apostel aus der Haft entlassen. Dann unternahm er eine neue Bekehrungsreise, die zwei Jahre dauerte. Zuerst ging er nach Spanien. Von dort wandte er sich wieder nach dem Osten, um die Gemeinden von Ephesus, Kreta, Mazedonien und Milet zu besuchen. Schließlich kam er unter dem Kaiser Nero wieder nach *Rom*. Dort erlitt er im Jahr 67 n. Chr. den Martertod: als römischer Bürger wurde er mit dem Schwerte enthauptet."

Die Eckerbibel erweckt mit diesem Text den Anschein, die Bibel selbst nachzuerzählen. In Wirklichkeit darf sich nur der erste Abschnitt des zitierten Textes auf die Bibel berufen. Die lukanische Apostelgeschichte enthält tatsächlich den Satz: „Er blieb zwei volle Jahre in einer eigenen Mietwohnung und empfing alle, die zu ihm kamen. Er verkündete das Reich Gottes und trug die Lehre vom Herrn Jesus Christus vor – mit allem Freimut und ungehindert!" (Apg 28, 30–31). Aber dieser Satz bildet auch schon das Ende der Apostelgeschichte. Von dem, was die Eckerbibel im zweiten Abschnitt sagt, steht nichts mehr in der Bibel. Es ist der Phantasie späterer Christen entsprungen. Paulus ist nie mehr nach Spanien oder in den Osten gelangt, sondern er wurde am Ende seiner römischen Gefangenschaft in der Hauptstadt hingerichtet. Lukas wußte das übrigens, aber er bringt es nicht mehr, weil er gar nicht daran interessiert war, die Geschichte des Paulus oder gar der Apostel zu erzählen. Sein Ziel war einzig und allein, den Ursprung und das Wachstum der Kirche darzustellen – bis nach Rom. Er konnte also mit der Ankunft des großen Missionars Paulus in Rom schließen. Soweit dieses Beispiel! Man könnte noch viele andere nennen.

Das Fatale an der Arbeitsweise der alten Schulbibel ist nicht nur, daß sie außerbiblische Geschichtsbilder mit biblischen Texten vermengt, sondern vor allem, daß sie gar nicht nach der Gattung und der Grundintention des einzelnen biblischen Buches fragt. Die ganze Bibel, mit ihren zahllosen Gattungen und Formen, wird zu einer uniformen „Biblischen Geschichte" eingeebnet. Auf welcher Ebene und mit welcher Absicht die einzelnen biblischen Autoren Geschichte darstellen, kommt nicht in den Blick. Erst recht nicht, daß „Geschichte" in der Bibel durchaus nicht immer den Sinn von „Bericht über historisch feststellbare Fakten" hat. Aber vielleich sollte man der alten Eckerbibel für all diese Engführungen keine zu heftigen Vorwürfe machen. Die Zeit war damals noch nicht reif für eine sorgfältige und differenzierende Berücksichtigung biblischer Gattungen.

Heute allerdings kann keine Auslegung der Bibel mehr daran vorbeisehen, daß in diesem Buch in einer Vielzahl von Gattungen und Formen zu uns gesprochen wird. Es ist natürlich unmöglich, nun im folgenden auf sämtliche biblischen Gattungen einzugehen. Aber greifen wir wenigstens die wichtigsten von ihnen heraus, um so besseren Zugang zur Sprechweise der Bibel zu erhalten!

2. Das Lamm des Armen

Beginnen wir dabei mit der Gattung des Gleichnisses, denn gerade an dieser Gattung kann man sehr viel lernen über die Art, wie in der Bibel Wirklichkeit ausgesagt wird! Wählen wir als Ausgangspunkt ein Jesus-Gleichnis, und zwar das bekannte Gleichnis vom Sämann! Es lautet in der Markus-Fassung folgendermaßen:

„Höret: Ein Sämann ging aus zu säen. Beim Säen fiel einiges auf den Weg, und die Vögel kamen und fraßen es. Anderes fiel auf felsigen Boden, wo es nicht viel Erde hatte, und gleich schoß es heraus, da es keinen tiefen Grund besaß. Als aber die Sonne aufging, versengte es, und da es keine Wurzel hatte, verdorrte es. Anderes fiel unter die Dornen. Die Dornen wuchsen auf und erstickten es, und es brachte keine Frucht. Alles andere fiel auf gute Erde und brachte Frucht: es stieg auf und wuchs und trug dreißigfach, sechzigfach und hundertfach. Und er sagte: Wer Ohren hat zu hören, der höre!" (Mk 4, 3–9).

Bevor wir uns der *Form* dieses Gleichnisses zuwenden, zunächst einige Bemerkungen zu seinem Inhalt! Für europäische Verhältnisse ist das Gleichnis unverständlich. Welcher Sämann wäre bei uns so töricht gewesen, auf den Weg, über die Felsen und in die Dornen zu säen! Im alten Palästina hingegen war das durchaus an der Tagesordnung, denn dort wurde nicht wie bei uns *nach* dem Pflügen, sondern schon vorher gesät. „Der Sämann des Gleichnisses schreitet also über das ungepflügte Stoppelfeld! Nun wird begreiflich, warum er auf den Weg sät: absichtlich besät er den Weg, den wohl die Dorfbewohner über das Stoppelfeld getreten haben, weil er mit eingepflügt werden soll. Absichtlich sät er auf die Dornen, die verdorrt auf dem Brachfeld stehen, weil auch sie mit umgepflügt werden sollen. Und daß Saatkörner auf das Felsige fallen, kann jetzt nicht mehr überraschen: die Kalkfelsen sind von dünner Ackerkrume bedeckt und heben sich kaum oder gar nicht vom

Stoppelfeld ab, bevor die Pflugschar knirschend gegen sie stößt. Was dem Abendländer als Ungeschick erscheint, erweist sich für palästinische Verhältnisse als Regel."[14]

Jesus schildert also im Gleichnis vom Sämann die Ungunst und die Widerstände, die im damaligen Palästina die Aussaat bedrohen. Er schildert Dinge, die damals jedem Landarbeiter vertraut waren. Und was dann am Ende des Gleichnisses gesagt wird, wußte ebenfalls jeder, weil man es schon oft, und zwar oft wie ein Wunder, erlebt hatte: Trotz aller Feinde, welche die Aussaat zu vernichten drohen, trotz der Tiere, trotz des schlechten Bodens und trotz des Unkrauts, gibt es am Ende eine überreiche Ernte: ein Teil der Saat trägt dreißigfach, ein Teil sechzigfach, ein Teil hundertfach.

Jesus will mit diesem Gleichnis sagen: Wie mit Aussaat und Ernte, so ist es auch mit dem Kommen des Reiches Gottes: Trotz aller Widerstände und aller Feindschaft, die sich meiner Predigt und meinem Wirken entgegenstellen, ja, obwohl bis zur Stunde eigentlich alles ganz aussichtslos erscheint, wird am Ende das Reich Gottes in unerwarteter Fülle und Herrlichkeit dastehen. Soviel zum Inhalt des Gleichnisses! Aber beschäftigen wir uns nun vor allem mit seiner Form! Woran kann man die Erzählung vom unverzagten Sämann eigentlich als Gleichnis erkennen?

Zunächst natürlich daran, daß es bei Markus unmittelbar vorher heißt: „Er lehrte sie vieles in Gleichnissen und sprach zu ihnen in seiner Lehrrede ..." (Mk 4, 2). Selbstverständlich stammt diese Notiz erst vom Evangelisten. Aber es ist durchaus damit zu rechnen, daß bereits Jesus die Erzählung vom Sämann in einer Form begann, die jedem Zuhörer deutlich macht: Nun wird ein Gleichnis erzählt! Vielleicht wiesen schon die ganze Gesprächssituation und der Tonfall Jesu auf ein Gleichnis hin, vielleicht benutzte Jesus aber auch eine besondere Eröffnungsformel, welche die folgende Erzählung als Gleichnis kennzeichnete. Jedenfalls sind uns für seine Gleichnisse eine ganze Reihe solcher Eröffnungsformeln überliefert, zum Beispiel:

> „Womit sollen wir das Reich Gottes vergleichen, mit welchem Gleichnis es nahebringen? Es verhält sich mit ihm wie mit einem Senfkorn, das ..."
> (Mk 4, 30–31)

oder kürzer:

> „Wem soll ich das Reich Gottes vergleichen? Es verhält sich mit ihm wie mit Sauerteig, den ..."
> (Lk 13, 20–21)

oder noch kürzer:

> „Es verhält sich mit dem Reich Gottes wie mit einem Menschen, der ..."
> (Mk 4, 26)

Man nennt Gleichnisse, die so eingeleitet werden, Gleichnisse mit Dativanfang. Ihre Eröffnung läßt sich auf die Formel bringen: „Ich will euch ein Gleichnis erzählen. Womit läßt sich die Sache, über die wir sprechen wollen, vergleichen? Es verhält sich mit ihr wie mit einem (einer) ..."

Eine andere Art, wie Jesus Gleichnisse eröffnen konnte, war die Frageform. Das sah dann zum Beispiel so aus: „Welche Frau, die zehn Silberstücke besitzt und eines davon verliert, zündet nicht ein Licht an und kehrt die Wohnung aus und sucht sorgfältig, bis sie es findet? Und wenn sie es gefunden hat, ruft sie ihre Freundinnen und Nachbarinnen zusammen und sagt: Freut euch mit mir! Ich habe das Silberstück wiedergefunden, das ich verloren hatte!" (Lk 15, 8–9). Wenn eine Erzählung in dieser Weise als Frage begann, war den Zuhörern natürlich ebenfalls sofort klar, daß ein Gleichnis erzählt wurde.

Aber nicht alle Gleichnisse Jesu beginnen mit Dativanfang oder in Form einer Frage. Das Gleichnis vom Sämann zum Beispiel beginnt ganz schlicht und einfach: „Ein Sämann ging aus zu säen." Die Hauptfigur des Gleichnisses steht also im *Nominativ* am Anfang, und das Ganze setzt ein wie eine gewöhnliche Erzählung. Nach dem Muster dieser Eröffnung beginnt eine große Gruppe biblischer Gleichnisse. Man nennt diese Gruppe „Gleichnisse mit Nominativanfang." Beispiele:

„Ein Mann ging von Jerusalem nach Jericho ..."
(Lk 10, 30)

„Ein Mann veranstaltete ein großes Gastmahl ..."
(Lk 14, 16)

„Ein Mann hatte zwei Söhne ..." (Lk 15, 11)

„Ein Mann, der reich war, hatte einen Verwalter ..."
(Lk 16, 1)

„Ein Mann, der reich war, kleidete sich in Purpur ..."
(Lk 16, 19)

„Zwei Männer gingen in den Tempel ..." (Lk 18, 10)

„Zwei Männer lebten in einer Stadt ..." (2 Sam 12, 1)

„Ein Richter lebte in einer Stadt ..." (Lk 18, 2)

Selbstverständlich ist auch diese Art, Gleichnisse zu eröffnen, formelhaft. Wenn eine Erzählung in dieser Weise begann – mit einem Nominativ gleich zu Beginn, mit einer Handlung, die nicht lange vorbereitet wird, sondern sofort zur Sache kommt, so durfte der Hörer mit einer gewissen Sicherheit annehmen, ein Gleichnis vor sich zu haben.

Lassen sich anhand des Gleichnisses vom Sämann noch weitere Merkmale finden, die eine Erzählung formal als Gleichnis kenntlich machen? Es gibt zumindest noch *ein* Merkmal, das nicht zu übersehen ist: Obwohl das ganze Gleichnis als Geschichte erzählt wird, als das, was einem bestimmten Sämann einst bei der Aussaat widerfuhr, schildert es doch vom ersten bis zum letzten Satz nur typische und alltägliche Vorgänge. Es erzählt vom Säen, vom Schicksal des Samens, von der Bedrohung der Saat, von der Fülle der Ernte.

Dasselbe gilt von vielen Gleichnissen Jesu. Sie sprechen von Abläufen, die jeder kennt, die es überall gibt, die sich stets und ständig wiederholen. Sie sprechen vom Wachsen der Saat; vom Unkraut im Weizen; vom Sauerteig; von Fischen im Netz; vom Turmbau und vom Kriegführen; von spielenden Kindern; von der Freude beim Finden verloren gegangenen Geldes; wie man einen geheimen Schatz an sich bringt; was man tut, wenn ein Feigenbaum keine Frucht mehr trägt. All das sind Dinge, die jeden Tag geschehen und deren Gesetzmäßigkeiten jeder kennt. Gerade von daher erhält ja ein Gleichnis seine Argumentationskraft: die Gesetzmäßigkeiten des Alltags kann niemand abstreiten.

Für viele Gleichnisse Jesu ist es also charakteristisch, daß sie typische und alltägliche Vorgänge erzählen. Eben daran sind sie als Gleichnisse zu erkennen. Übrigens ist das auch der tiefste Grund, warum die Gleichnisse Jesu oft so kurz und konzentriert sind: Vorgänge, die sich regelmäßig wiederholen und die jeder kennt, braucht ein Erzähler nicht lange zu schildern. Es genügt oft schon, wenn er sie dem Hörer mit einem einzigen Satz in Erinnerung ruft.

Nun gibt es bei Jesus allerdings auch Gleichnisse, in denen keine typischen und alltäglichen, sondern ungewöhnliche oder gar einmalige Begebenheiten erzählt werden. So zum Beispiel im Gleichnis vom großen Gastmahl:

„Ein Mann veranstaltete ein großes Gastmahl und lud viele dazu ein. Als die Stunde des Mahles gekommen war, sandte er seinen Knecht aus und ließ den Geladenen sagen: Kommt, alles ist gerichtet! Da entschuldigten sich mit einem Mal alle. Der erste sagte: Ich habe einen Acker gekauft und muß dringend hin, ihn zu besichtigen. Ich bitte, mich zu entschuldigen! Der nächste sagte: Ich habe fünf Joch

Ochsen gekauft und gehe gerade, sie in Augenschein zu nehmen. Ich bitte, mich zu entschuldigen! Ein anderer sagte: Ich habe gerade erst geheiratet und kann unmöglich kommen! Der Knecht kam zurück und richtete seinem Herrn alles aus. Da wurde der Herr zornig und sprach zu seinem Knecht: Geh schnell hinaus auf die Straßen und Gassen der Stadt und hole die Armen und Krüppel, die Blinden und Lahmen herein! Da sagte der Knecht: Herr, deine Anordnung ist ausgeführt; aber es ist noch Platz! Da sprach der Herr zu dem Knecht: Geh hinaus auf die Landstraßen und an die Zäune und nötige die Leute hereinzukommen, damit mein Haus voll wird! – Ich sage euch aber: Keiner von denen, die geladen waren, wird von meinem Mahle kosten" (Lk 14, 16–24).

Auch in diesem Gleichnis verläuft zunächst alles nach dem Regelfall und so, wie es die Hörer erwarten konnten. Ein Mann gibt ein großes Gastmahl und lädt dazu, schon lange Zeit vorher, ein. Nach der Sitte vornehmer Jerusalemer Kreise lädt er dann, unmittelbar vor dem Essen, noch ein zweites Mal ein. Und nun geschieht das Unerwartete und Befremdende: Sämtliche Geladenen, die ja doch bereits zugesagt hatten, lassen sich entschuldigen. Jeder hat einen guten Grund wegzubleiben. Kein einziger kommt. Eine außergewöhnliche Situation! Sie treibt den Hausherrn dazu, außergewöhnlich zu handeln. Er lädt die Armen und Obdachlosen der Stadt ein und ruht dabei nicht eher, bis der letzte Platz der Festtafel besetzt ist. Man muß sich das vorstellen: ein ganzes Haus voller Krüppel, Zerlumpter und Landstreicher! Was der Hausherr tut, ist zwar in seiner Art wieder einleuchtend. Der Mann ist zu verstehen. Aber das Ganze ist doch außerordentlich.

Es ist wohl jedem sofort klar, daß hier eine ganz andere Form von Erzählung vorliegt als im Gleichnis vom Sämann. Die Bibelwissenschaft hat für Gleichnisse dieser zweiten Art, in denen nicht typische und alltägliche Vorgänge, sondern außergewöhnliche, ja einmalige Begebenheiten geschildert werden, einen besonderen Begriff. Sie nennt solche Gleichnisse *Parabeln*. Um Parabeln handelt es sich zum Beispiel bei den Gleichnissen vom verlorenen Sohn (Lk 15, 11–32), vom gütigen Arbeitsherrn (Mt 20, 1–16), vom unbarmherzigen Knecht (Mt 18, 23–35), vom betrügerischen Verwalter (Lk 16, 1–8), von den bösen Weingärtnern (Mk 12, 1–11).

Gerade weil nun die Parabel nicht mit typischen, sondern mit außergewöhnlichen Begebenheiten arbeitet, ist sie schwerer als das Gleichnis im engeren Sinn als *Gleichnis* zu erkennen. Woran kann man zum Beispiel ablesen, daß es sich bei der Erzählung vom großen Gastmahl formal um ein Gleichnis und nicht um einen Tatsachenbericht handelt?

Da ist natürlich zunächst der Nominativanfang der Erzählung: „Ein Mann veranstaltete ein großes Gastmahl..." Es wird nicht gesagt, wer dieser Mann ist, wo er lebt, wann und warum er das Gastmahl gab. Es wird lediglich gesagt: „Ein Mann veranstaltete ein großes Gastmahl und lud viele dazu ein." Selbstverständlich horchte der orientalische Hörer auf, wenn eine Geschichte so begann. Er ahnte wohl: jetzt wird ein Gleichnis erzählt. Auch in der Erzählung selbst ist trotz der Einmaligkeit des erzählten Inhalts noch vieles schematisiert. Der in der Realität auf jeden Fall lange und umständliche erste Gang des Knechtes, bei dem er sich die verschiedensten Entschuldigungen hätte merken müssen, ist zu einer einzigen Szene verdichtet, in der sich drei der Geladenen, stellvertretend für alle anderen, entschuldigen. Danach schildert die Parabel in zwei Szenen, wiederum sorgfältig stilisiert, wie der Saal gefüllt wird. Und die Tatsache, daß in der ganzen Erzählung nur ein einziger Knecht auftritt, der alles zu erledigen hat, ist natürlich ebenfalls bewußte Erzähltechnik: in Wirklichkeit wären im Orient mehrere Knechte zur Hand gewesen. Diese kunstvolle Vereinfachung des Erzählfadens, die gleichzeitig eine Dramatisierung des Inhalts erreicht, ist typisch für alle biblischen Gleichnisse und ganz besonders für die Parabeln.

Die Zuhörer Jesu konnten also auch bei einer Parabel in etwa wissen, daß ihnen ein Gleichnis erzählt wurde. Letzte Sicherheit erhielten sie allerdings nicht, denn Erzähltechnik der geschilderten Art gab es damals auch bei anderen Erzählgattungen.

Wirkliche Sicherheit, ein Gleichnis vor sich zu haben, erhielt der Hörer der Parabel vom großen Gastmahl entweder von vornherein durch die Eröffnung des Gleichnisses – oder aber erst nachträglich in dem Augenblick, da die Parabel zu Ende erzählt war und der Hörer unmittelbar angesprochen wurde. Bei Lukas geschieht diese Öffnung auf den Hörer durch den Wechsel von der Einzahl in die Mehrzahl. Vorher war stets der Knecht angesprochen. Jetzt heißt es: „Ich sage euch aber: Von denen, die geladen waren, wird keiner von meinem Mahle kosten." Wer spricht hier? Jesus selbst oder der Hausherr des Gleichnisses? Die Frage ist gar nicht so leicht zu entscheiden. Sicher ist aber auf jeden Fall, daß erst mit diesem Satz die Erzählung klar als Gleichnis beziehungsweise Parabel kenntlich gemacht ist.

Damit dürfte deutlich geworden sein: Eine Parabel ist viel schwerer von einer gewöhnlichen Erzählung zu unterscheiden als das eigentliche Gleichnis. Das wußten selbstverständlich auch die damaligen Erzähler. Sie haben sich diese Ähnlichkeit nicht selten zunutze gemacht und eine Parabel ganz bewußt als Bericht getarnt. Das berühmteste Beispiel ist die Parabel vom Lamm des Armen, die im 2. Buch Samuel der Prophet Natan dem König David erzählt.

Der Zusammenhang ist bekannt: David hat Batseba, die Frau des Hetiters Uria, verführt, während Uria für ihn im Kriege steht. Um den Folgen zu entgehen, läßt David Uria heimtückisch ermorden und macht Batseba zu seiner Frau. Da kommt der Prophet Natan zu David und erzählt ihm folgendes:

„Zwei Männer lebten in einer Stadt, ein reicher und ein armer. Der Reiche hatte Schafe und Rinder in großer Zahl.

Der Arme besaß nichts als ein kleines Lamm, das er sich gekauft hatte. Er pflegte es, bei ihm und seinen Kindern wuchs es auf, von seinem Bissen aß es, aus seinem Becher trank es, in seinem Schoße schlief es, es war ihm wie eine Tochter.

Da kam zu dem reichen Mann Besuch. Es tat ihm weh, von seinen eigenen Schafen oder Rindern eines zu nehmen und es dem Gast, der gekommen war, zuzubereiten. So nahm er das Lamm des armen Mannes und bereitete es zu für den Mann, der ihn besuchte" (2 Sam 12, 1-4).

David ist wütend, als er die Geschichte gehört hat. Er sagt zu Natan: „So wahr Jahwe lebt, der Mann, der das getan hat, ist ein Sohn des Todes! Und das Lamm wird er zuvor vierfach erstatten, weil er das getan und kein Erbarmen gekannt hat." Da sagt der Prophet zu David: „Du bist der Mann!" (2 Sam 12, 5-7).

Die Erzählung trifft in ihrer Schilderung aufs genaueste die Gemeinheit und die Unmenschlichkeit Davids gegenüber Uria. David hatte sich ja nicht nur die Frau eines seiner treuesten Gefolgsleute angeeignet; er besaß überdies zu dieser Zeit bereits einen ganzen Harem von Frauen. Trotzdem merkt David nicht, wie die Erzählung Natans ihn selbst entlarvt. Warum merkt er nichts? Doch wohl deshalb, weil sich die Erzählung gar nicht ohne weiteres als Gleichnis zu erkennen gibt, sondern so berichtet, als hätte tatsächlich irgendwo im Land ein Reicher seinem armen Nachbarn ein Lamm weggenommen.

Die Eröffnung „Zwei Männer lebten in einer Stadt" (Nominativanfang!) zeigt zwar dem kundigen Hörer, daß jetzt ein Gleichnis kommen könnte. Zudem müßte in einem echten Bericht wenigstens der Name der Stadt genannt sein. Auch die sorgfältig stilisierte Schilderung der Art, wie der Arme mit seinem Lamm zusammenlebt, läßt aufhorchen und an ein Gleichnis denken. Andererseits ist das Verhalten des Reichen so infam und schmutzig, daß man doch wieder an ein konkretes und tatsächliches Geschehen glaubt.

So kann gar kein Zweifel bestehen: Hier wird gleichzeitig mit zwei verschiedenen Erzählgattungen gearbeitet. Natan erzählt eine Geschichte, die bewußt zwischen Bericht und Parabel schillert. Er spielt mit der Form des Berichtes und gibt ihm die Funktion einer Parabel. David könnte durchaus merken, daß es eine Parabel ist, was ihm da erzählt wird, und daß es um ihn selbst geht. Aber andererseits ist die Erzählung so spannend und ungewöhnlich, daß er mitgerissen und in das Sprachspiel der Geschichte hineingezogen wird. Genau das will Natan.

Und das wollen wohl überhaupt alle Parabeln. Es wäre wirklich einmal zu untersuchen, ob nicht jede Parabel ursprünglich mit der Gattung des Berichtes spielt, das heißt, ob der Parabelerzähler nicht zunächst noch bewußt offenläßt, ob er eine wirkliche Begebenheit berichtet oder ob er ein Gleichnis erzählt. Der Hörer soll ganz von der Geschichte in Beschlag genommen werden, ja, er soll die Gegenwart vergessen und sich mit der Situation der Geschichte geradezu identifizieren. Erst am Ende geht ihm auf: Ich selbst bin gemeint! Hier wird von meiner eigenen Situation gesprochen!

Hat auch Jesus seine Parabeln, etwa die vom großen Gastmahl, vom verlorenen Sohn oder von den bösen Weingärtnern, in dieser Art erzählt? Hat auch er manchmal seine Hörer zunächst noch bewußt darüber im unklaren gelassen, ob er ein Gleichnis oder ob er eine wirkliche Begebenheit berichtete? Wir können es kaum noch nachprüfen. Wir dürfen es aber vermuten, denn die Evangelien zeigen: Jesus hat die Gattungen des Gleichnisses und der Parabel mit höchster Meisterschaft gehandhabt. – Mit all dem ist wohl deutlich geworden: Es gibt Gleichnisse, die bereits durch ihre Eröffnung oder die Typik ihres Inhalts als Gleichnisse zu erkennen sind. Es gibt aber auch Gleichnisse, die ihre Gattung zunächst verbergen; sie spielen bewußt mit der Form des Berichts und können erst durch Situation und Begleitumstände als Gleichnis identifiziert werden.

Nach diesen Vorüberlegungen zur Form der Gleichnisse sind wir nun für die Frage gerüstet, die uns hier am meisten interessiert: Wie verhält sich das Gleichnis zur historischen Wirklichkeit?

Diese Frage ist berechtigt, denn das Gleichnis erzählt ja eine Geschichte. Es erzählt sie sogar oft äußerst dramatisch und spannend. So spannend, daß man im ersten Augenblick meinen könnte, es würden wirkliche Geschehnisse berichtet. Und doch will ein Gleichnis keine wirklichen Geschehnisse berichten. Das Gleichnis vom Sämann zum Beispiel ist nicht im geringsten daran interessiert, die konkreten Erlebnisse eines ganz bestimmten Sämanns, der irgendwo in Palästina lebte, zu schildern. Und die Parabel vom großen Gastmahl hat keineswegs die Absicht, die Vorgeschichte und die Umstände eines wirklichen Gastmahls zu berichten. Und auch die Parabel vom Lamm des Armen will natürlich nicht behaupten, daß irgendwo im Lande einem Armen ein wirkliches Lamm weggenommen wurde. Die Wahrheit eines Gleichnisses liegt also nicht auf der Ebene der reinen Faktizität. Das heißt: Ein Gleichnis will keine historischen Fakten mitteilen, die sich Zug um Zug mit der Gleichniserzählung decken.

Und doch haben sämtliche biblischen Gleichnisse etwas mit Geschichte zu tun: Das Gleichnis vom Sämann spricht von einem wirklichen Geschehen: es spricht davon, wie das Reich Gottes trotz aller Widerstände heranwächst und als überreiche Ernte auf uns zukommt. Auch die Parabel vom großen Gastmahl meint ein wirkliches Geschehen: Gott ist dabei, Israel zu dem großen, endzeitlichen Gastmahl zu rufen; wird seine Einladung aber abgeschlagen, so lädt er sich andere ein. Erst recht beleuchtet die Parabel vom Schaf des Armen Dinge, die wirklich geschehen sind: nämlich das, was David dem Uria angetan hatte. Ähnlich liegen die Dinge aber bei allen biblischen Gleichnissen. Sie berichten keine historischen Vorgänge, die sich mit der Handlung des Gleichnisses decken, sie verkünden aber auch keine allgemeinen religiösen Ideen, sondern sie beleuchten im Bild ein Geschehen, das sich tatsächlich abspielt oder bereits abgespielt hat. Letztlich sprechen also die Gleichnisse der Bibel von einem wirklichen Geschehen, aber sie erzählen dieses Geschehen nicht auf der historischen Ebene, sondern im Bild.

Und so verhält es sich nun nicht nur mit den Gleichnissen, sondern mit vielen anderen Erzählformen der Bibel. Wir werden im folgenden immer wieder darauf stoßen, daß biblische Erzählungen zwar plastisch und anschaulich darstellen können, daß es ihnen dabei aber oft überhaupt nicht oder wenigstens nicht in erster Linie um einen äußeren Ablauf, sondern um eine tiefer liegende Wirklichkeit geht.

Bei einem Gleichnis ist das im Grunde jedem klar. Bei anderen Erzählgattungen der Bibel scheint hingegen diese Einsicht schwieriger zu sein. So etwa bei der Gattung der Lehr-Erzählung. Von ihr soll nun im folgenden die Rede sein.

3. Jona und sein Gott

Wohl das großartigste Beispiel einer Lehr-Erzählung ist das Jonabuch. Unternimmt man es, seine Handlung nachzuerzählen oder seinen Inhalt zusammenzufassen, kommt man mit Sicherheit nach einer Reihe mißglückter Versuche zu dem Ergebnis: es gelingt einfach nicht. So knapp, so verdichtet und so kunstvoll wird hier erzählt. Es ist eine Schrift, die belehren soll – der Zug zum Didaktischen ist nicht zu verkennen –, und doch ist alles Belehren auf die Ebene reiner Erzählung gehoben. Da es in dieser Erzählung auf jeden Satz ankommt, sei sie hier ganz wiedergegeben:

„Das Wort Jahwes erging an Jona, den Sohn des Amittai. Es lautete: Brich auf, wandere nach Ninive, der großen Stadt, und predige gegen sie! Denn ihre Bosheit ist zu mir heraufgedrungen. Da brach Jona auf, um nach Tarsis zu fliehen, von Jahwe fort. Er ging nach Jafo hinab, fand ein Schiff, das nach Tarsis ging, zahlte den Fahrpreis und stieg ein, um mit nach Tarsis zu fahren, von Jahwe fort.

Doch Jahwe schleuderte einen großen Wind aufs Meer. Ein großer Sturm entstand auf dem Meer, und das Schiff drohte zu zerbrechen. Da gerieten die Seeleute in Furcht. Jeder schrie zu seinem Gott. Sie warfen die Ladung, die im Schiff war, ins Meer, um das Schiff zu entlasten.

Jona aber war in den untersten Schiffsraum hinabgestiegen, hatte sich hingelegt und war eingeschlafen, als der Kapitän zu ihm kam und zu ihm sprach: Wie kannst du schlafen! Auf! Rufe zu deinem Gott! Vielleicht kümmert sich dein Gott um uns, daß wir nicht umkommen.

Dann sagten sie zueinander: Kommt, wir wollen Lose werfen, damit wir herausfinden, warum uns dieses Unglück traf. Sie warfen die Lose, und das Los fiel auf Jona. Da sprachen sie zu ihm: Sag: Was ist dein Beruf? Wo kommst du her? Wo ist deine Heimat? Aus welchem Volk bist du? Er sagte zu ihnen: Ich bin Hebräer. Ich fürchte Jahwe, den Gott des Himmels, der Meer und Festland erschaffen hat. Da gerieten die Männer in große Furcht und sprachen zu ihm: Was hast du getan? Denn die Männer hatten nun erfahren, daß er sich auf der Flucht vor Jahwe befand; er hatte es ihnen gesagt. Sie sprachen deshalb zu ihm: Was sollen wir mit dir machen, damit das Meer uns verschont? Das Meer tobte nämlich immer stärker. Er sprach zu ihnen: Nehmt mich und werft mich ins Meer! Dann wird es euch verschonen. Ich weiß, daß meinetwegen dieser große Sturm wider euch tobt. Aber die Männer legten sich in die Ruder, um das Festland zu erreichen. Sie vermochten es jedoch nicht. Denn das Meer tobte ihnen immer stärker entgegen. Da riefen sie zu Jahwe und sprachen: Ach, Jahwe! Laß uns doch nicht umkommen wegen des Lebens dieses Mannes und rechne es uns nicht als unschuldig vergossenes Blut an. Denn du, Jahwe, hast getan, was dir gefallen hat. Dann nahmen sie Jona und warfen ihn ins Meer. Und das Meer hörte auf zu toben. Da gerieten die Männer in große Furcht vor Jahwe. Sie brachten Jahwe ein Schlachtopfer dar und machten Gelübde.

Jahwe aber hatte einen großen Fisch bestimmt, Jona zu verschlingen. Jona war im Bauch des Fisches drei Tage und drei Nächte. Dann betete Jona zu Jahwe, seinem Gott, vom Bauch des Fisches aus. Da sprach Jahwe zu dem Fisch, und dieser. spie Jona aufs Land. Und das Wort Jahwes erging zum zweiten Mal an Jona. Es lautete: Brich auf, wandere nach Ninive, der großen Stadt, und predige ihr die Botschaft, die ich dir mitteile! Da brach Jona auf und ging nach Ninive, dem Worte Jahwes gemäß.

Ninive aber war selbst für Gott eine große Stadt, drei Tage zu durchwandern. Jona machte sich daran, in die Stadt hineinzugehen. Er wanderte einen Tag lang. Dann predigte er und sprach: Noch vierzig Tage, und Ninive ist zerstört!

Die Leute von Ninive glaubten Gott. Sie riefen ein Fasten aus und zogen das Sackzeug an, groß und klein. Das Wort Jonas war nämlich bis zum König von Ninive vorgedrungen. Der hatte sich von seinem Thron erhoben, hatte sein Königsgewand abgeworfen, das Sackzeug angelegt und sich in den Staub gesetzt. Dann hatte er in Ninive als Erlaß des Königs und seiner Großen ausrufen lassen: Menschen und Tiere, Großvieh und Kleinvieh sollen nichts genießen, nicht weiden, kein Wasser trinken. Sie sollen sich das Sackzeug anziehen, Menschen und Vieh, und mit Macht zu Gott schreien. Und umkehren sollen sie, jeder einzelne von seinem bösen Wandel und von der Gewalttat, die an seinen Händen klebt. Vielleicht reut es Gott, und er läßt ab von seinem glühenden Zorn, so daß wir nicht umkommen.

Und Gott sah ihr Tun, wie sie von ihrem bösen Wandel umkehrten. Und Gott reute das Unheil, das er ihnen angedroht hatte, und er führte es nicht aus.

Da kam eine große Bosheit über Jona, und er wurde zornig. Er schrie auf zu Jahwe und sprach: Ach, Jahwe! War das nicht mein Gedanke, als ich noch in der Heimat war? Darum wollte ich zuerst nach Tarsis flüchten. Ich wußte ja, daß du ein gnädiger und barmherziger Gott bist, geduldig und reich an Huld, den das Unheil reut. So nimm denn nun, Jahwe, mein Leben von mir! Denn es ist besser für mich zu sterben als zu leben. Jahwe aber sprach zu ihm: Ist es recht von dir, so zornig zu sein?

Jona war aber aus der Stadt herausgegangen und hatte sich östlich der Stadt gelagert. Er hatte sich dort eine Laubhütte gemacht und sich in ihrem Schatten niedergelassen, um abzuwarten, was in der Stadt geschehe. Da bestimmte Jahwe eine Rizinusstaude, um Jona aus seiner Bosheit herauszureißen. Sie wuchs über ihm auf und spendete seinem Kopf Schatten. Jona hatte eine ganz große Freude an der Staude. Als aber am folgenden Tag die Morgenröte aufstieg, bestimmte Gott einen Wurm. Der stach die Rizinusstaude, daß sie verdorrte. Und als dann die Sonne aufging, bestimmte Gott einen glühenden Ostwind. Nun stach die Sonne auf den Kopf Jonas, und er wurde ganz schwach. Da wünschte er sich den Tod und sprach: Es ist besser für mich zu sterben als zu leben.

Gott aber sprach zu Jona: Ist es recht von dir, wegen der Rizinusstaude so zornig zu sein? Er sprach: Ja, es ist recht, daß ich zu Tode zornig bin. Da sprach Jahwe: Du leidest wegen der Rizinusstaude, um die du dich nicht gemüht und die du nicht großgezogen hast, die über Nacht kam und über Nacht verging. Und ich sollte nicht leiden um Ninive, die große Stadt, in der es mehr als hundertzwanzigtausend Menschen gibt, die rechts und links nicht unterscheiden können, und all die vielen Tiere?"

Daß es sich bei dieser großartigen Erzählung um eine Lehr-Erzählung handelt, zeigt sich am klarsten an der letzten Szene, in der sich Gott und Jona allein gegenüberstehen. Eines liegt ja auf der Hand: diese Szene ist kein Anhängsel, sondern in ihr erreicht das Buch seinen Höhepunkt. Die Flucht Jonas und die Vorgänge in Ninive – das alles war ja nur erzählt worden, damit die Voraussetzungen für das abschließende Gespräch zwischen Gott und Jona geschaffen wurden. Erst dieses Gespräch klärt wirklich, warum Jona vor Jahwe floh, und erst in diesem Gespräch gelangt die Auseinandersetzung zwischen Jona und Gott in ihr entscheidendes Stadium. Das Gespräch wird eröffnet durch das erschreckende Gebet Jonas, den es ärgert, daß Gott sich Ninives erbarmt. Das Verhalten Gottes ist ihm so zuwider und es trifft seine Existenz derart, daß er lieber sterben will. Dem Gebet Jonas entspricht am Ende der Szene das große Bekenntnis Gottes, überhaupt die längste Rede Gottes im Jonabuch, in dem er sein Erbarmen mit der Stadt Ninive rechtfertigt. Zwischen diesen beiden Reden steht die herrliche Episode mit der Rizinusstaude, wobei jeweils die kurze Frage Gottes „Ist es recht von dir, so zornig zu sein?" den Übergang bildet.

Schon diese Anordnung zeigt, daß wir hier keine kunstvoll aufgebaute, fiktive Szene vor uns haben, die den Leser fesseln und belehren soll. Die Richtung des Ganzen auf den Leser wird aber erst recht deutlich, wenn man beachtet, daß die abschließende Rede Gottes mit einer Frage endet: „Und ich sollte nicht leiden um Ninive, die große Stadt …?" Für ein Buch, das historische Vorgänge wiedergeben will, wäre es unbedingt notwendig, daß nun zunächst noch erzählt würde, wie es mit Jona denn überhaupt weiterging: ob er Gott recht gab, oder ob er in seiner Enge und seinem Eigensinn beharrte. Das Jonabuch gibt darauf keine Antwort, es läßt beides offen, schließt mit der Frage und macht so deutlich, daß es im Grunde gar nicht um Jona geht, sondern um den Leser des Buches selbst. Dieser ist angesprochen und von Gott gefragt, und so wird man sagen müssen, daß Jona letztlich nicht der historische Prophet Jona sein soll, sondern eine Verdichtung und Personifizierung der jüdischen Leser, die der Verfasser im Auge hat. Es geht ihm darum, seine Leser aufzurütteln und ihnen begreiflich zu machen, daß Gott ganz anders ist, als sie ihn sich vorstellen.

Dieses lehrhafte Element, das freilich ganz in der Erzählung aufgeht, wird vollends klar, wenn man sein Augenmerk auf die Episode mit der Rizinusstaude richtet. Ein ganzer Apparat wird da von Gott sorgfältig inszeniert und in Bewegung gesetzt. Dreimal findet sich im Hebräischen die gleiche Wendung: „und Gott bestimmte..." Zunächst *bestimmt* Gott eine Rizinusstaude, unmittelbar neben der wohl recht kümmerlichen Laubhütte Jonas aufzuwachsen. Jona freut sich über den zusätzlichen Schatten. Kaum ist die Staude emporgeschossen, *bestimmt* Gott einen Wurm, der sie anfrißt. Die Staude verdorrt; Jona hat keinen Schatten mehr. Als drittes *bestimmt* Gott einen sengenden Wüstenwind. Nun wirkt sich aus, daß ein rechter Schatten fehlt. Jona bekommt Kopfschmerzen. Wenn man beachtet, mit welcher Leichtigkeit das alles erzählt ist, und daß die kleine Tragödie mit Rizinusstaude, Wurm und Wüstenwind ja eigentlich nur inszeniert wird, um den schnellen Stimmungsumschwung des höchst empfindlichen und sofort tief gekränkten Jona vorzuführen, dann kann man sich des Eindrucks kaum erwehren, daß der Verfasser die ganze Episode mit einem heimlichen Augenzwinkern geschrieben hat. Andererseits ist es dem Verfasser mit all dem doch auch wieder sehr ernst, denn dem kleinen Leid Jonas soll ja das große Leid Gottes gegenübergestellt werden:[15] „Du leidest wegen der Rizinusstaude, um die du dich nicht gemüht ... und ich sollte nicht leiden um Ninive, die große Stadt, in der es mehr als hundertzwanzigtausend Menschen gibt, die rechts und links nicht unterscheiden können, und all die vielen Tiere?"

Es liegt auf der Hand: Die letzte Szene des Jonabuches ist eine erzählerische Fiktion, die ganz der didaktischen Absicht des Verfassers entstammt. Ähnlich verhält es sich aber mit dem gesamten Buch. Der große Fisch zum Beispiel hat genau die gleiche Aufgabe wie Rizinusstaude, Wurm und Wüstenwind: er soll den widerstrebenden und unwilligen Jona dorthin führen, wo Gott ihn haben will. Auch hier heißt es – wörtlich wie am Ende des Buches: „*und Gott bestimmte* einen großen Fisch ..."

Daß das Jonabuch kein historischer Bericht, sondern eine Lehr-Erzählung sein will, zeigt schließlich noch eine andere Beobachtung: der Verfasser arbeitet sehr stark mit Typisierungen. Aufschlußreich ist zum Beispiel, wie der assyrische König eingeführt wird. Sein Name wird überhaupt nicht genannt, er bleibt – trotz der Konkretheit der Erzählung – farblos und unpersönlich, ja, er heißt nicht einmal König von *Assur*, wie das sonst im Alten Testament üblich ist, sondern König von *Ninive*. Daran wird deutlich: Das assyrische Reich ist für den Verfasser längst eine Größe der Vergangenheit. Ferner: Der König von Ninive ist für ihn nur eine notwendige Figur im Spannungsgefüge seiner Erzählung; eine bestimmte historische Persönlichkeit Assurs hingegen liegt völlig außerhalb seines Blickpunkts, so wenig wie er ein bestimmtes und konkretes Ereignis der Geschichte Assurs aufzeichnen möchte.

Ähnliches gilt für die „große Stadt Ninive". Es läßt sich nachweisen, daß Ninive zur Zeit des historischen Propheten Jona, der unter Jerobeam II (787–747) auftrat, noch gar nicht die Residenzstadt der assyrischen Könige war. Außerdem erscheint es fast unmöglich, daß damals ein Prophet aus Israel in der assyrischen Hauptstadt hätte auftreten können. Aber mit solchen Überlegungen tut man dem Verfasser des Jonabuches Unrecht. Es geht ihm eben gar nicht um die historische Stadt Ninive. Ninive ist ihm vielmehr Symbol für die große, mächtige und in vielem unheimliche Welt des Heidentums. Er will nicht vom Verhältnis Gottes zu Ninive, sondern vom Verhältnis Gottes zu den Heiden sprechen. Er will sagen: Gott liegt nicht nur etwas an Israel, sondern auch an den Heiden.

Daß die Gestalt des Jona ebenfalls eine Personifikation ist, hatten wir bereits gesehen. Er steht stellvertretend für die jüdischen Leser, die der Verfasser des Jonabuches ansprechen will. Von dem historischen Propheten Jona ist wohl nur der Name entliehen. Von einem biographischen Interesse an dem wirklichen Jona kann überhaupt keine Rede sein. Die Zeit seines Auftretens wird nicht genannt; seine Heimat, die aus 2 Kön 14, 25 bekannt war, bleibt unerwähnt; nicht einmal der Titel „Prophet" wird ihm gegeben. In seiner Selbstvorstellung auf dem Schiff sagt er von sich lediglich: „Ich bin Hebräer". Man hat deshalb mit gutem Grund angenommen, daß in der Gestalt Jonas Israel selbst symbolisiert sei[16] – ein eigensinniges und sich abkapselndes Israel, das immer nur mit sich selbst beschäftigt ist, das vor dem eigentlichen Willen Gottes ausweicht und nicht begreifen will, daß Gott die anderen Völker genau so liebt wie Israel selbst. Einem solchen Israel will der Verfasser des Jonabuches offenbar den Spiegel vorhalten.

Erst wenn man einmal erkannt hat, daß die Jonaerzählung gar kein konkretes historisches Geschehen wiedergeben möchte, sondern in Form einer höchst anschaulichen Erzählung von Israel und seinem Gott sprechen will, vermag man überhaupt die Einzelzüge des Buches in ihrer ganzen Tragweite zu begreifen.

Erinnern wir uns zum Beispiel daran, wie Jona vor der Schiffsbesatzung bekennt: „Ich glaube an Jahwe, den Gott des Himmels, der Meer und Festland erschaffen hat." Ein solcher Satz ist natürlich im Munde eines Menschen, der vor Jahwe flieht, ein Widerspruch in sich. Jona weiß und bekennt, daß Gott Meer und Festland erschaffen hat, er weiß also von Gottes Allmacht und Allgegenwart, und glaubt doch, vor eben diesem Gott auf einem Schiff fliehen zu können! Bedenken wir nun: In einem biographischen Bericht wäre das lediglich ein tragischer Zug an dem historischen Propheten Jona. Liegt hier hingegen eine Lehr-Erzählung vor, und ist Jona zugleich Israel selbst, dann zielt das alles viel tiefer. Dann wird hier veranschaulicht: Israel hat zwar sein Glaubensbekenntnis und weiß es aufzusagen, hat aber die Tragweite seines Bekenntnisses noch gar nicht begriffen oder will sie nicht begreifen.

Oder beachten wir einen anderen Zug der Erzählung: Wie behutsam und taktvoll bemüht sich Gott um das Verständnis Jonas! „Ist es recht von dir, so zornig zu sein?" Hätten wir einen Bericht über historische Ereignisse vor uns, so müßten wir konstatieren: Gott hat sich damals um Jona bemüht. Nichts weiter! Ist das Jonabuch aber eine Lehr-Erzählung, die ganz den gegenwärtigen jüdischen Leser im Auge hat, so ist der eigentliche Sinn dieses Zuges der Erzählung: Gott bemüht sich voller Behutsamkeit und Liebe um sein Israel, selbst wenn dieses sich einigelt in seinem Eigensinn und nicht verstehen will.

Es ist wohl deutlich geworden, daß erst das konsequente Ernstnehmen der Erzählgattung die Tragweite und Hintergründigkeit des Jonabuches aufzuschließen vermag. Durch eine radikale Formkritik geht nichts von der Substanz dieses Buches verloren. Im Gegenteil! Seine ganze Bedeutsamkeit und fordernde Gegenwärtigkeit tritt erst jetzt zutage.

Das Jonabuch hat sich uns von seiner Form her als Lehr-Erzählung erwiesen. Es ist keine Geschichtsschreibung und auch keine Biographie. Hingegen hat es mit der Gattung des Gleichnisses vieles gemeinsam: Wie beim Gleichnis wird eine konkrete, ja spannende Geschichte erzählt, die jedoch kein historischer Bericht sein will, sondern deren Wahrheit auf einer ganz anderen Ebene liegt. Wie viele Gleichnisse endet das Buch mit einer Frage, die der Hörer, beziehungsweise hier der Leser, selbst zu beantworten hat. Und wenn der Verfasser gewollt hätte, so hätte er am Ende des Buches wie Natan vor David die Maske des neutralen Erzählers abreißen können, um auszurufen: Ihr Leute von Israel, die ihr diese Geschichte gelesen habt – ihr selbst seid Jona! Es spricht allerdings für das feine Stilempfinden des Verfassers, daß er derartiges nicht tut, sondern sein Buch mit der zarten und humorvollen Frage Gottes enden läßt.

4. Die Sage von Isaaks Opferung

Wenden wir uns einer weiteren Erzählgattung der Bibel zu! Als Beispiel diene der folgende Text:

„Nach diesen Begebenheiten versuchte Gott Abraham und sprach zu ihm: Abraham! Er antwortete: Hier bin ich. Gott sprach: Nimm deinen Sohn, deinen Einzigen, den du lieb hast, den Isaak, geh in das Land Morija und bring ihn dort auf einem Berg, den ich dir zeigen werde, als Brandopfer dar! Da stand Abraham früh am Morgen auf, sattelte seinen Esel, nahm seine beiden Knechte und seinen Sohn Isaak, spaltete Holz für das Opfer und machte sich auf den Weg zu dem Ort, den ihm Gott zeigen würde. Am dritten Tag erhob Abraham seine Augen und sah den Ort von weitem. Da sagte Abraham zu seinen Knechten: Bleibt hier bei dem Esel! Ich und der Knabe, wir wollen dorthin gehen, um anzubeten; danach kommen wir zu euch zurück. Dann nahm Abraham das Holz für das Brandopfer und lud es seinem Sohne Isaak auf. Er selbst nahm das Feuer in die Hand und das Messer. So gingen die beiden miteinander. Nach einer Weile sprach Isaak zu seinem Vater Abraham: Mein Vater! Er antwortete: Hier bin ich, mein Sohn. Siehe, sprach Isaak, hier ist Feuer und Holz. Wo aber ist das Lamm für das Brandopfer? Da sprach Abraham: Gott wird das Opferlamm aussehen, mein Sohn. So gingen die beiden miteinander. Als sie an den Ort kamen, den Gott bezeichnet hatte, baute Abraham den Altar, schichtete das Holz auf, band seinen Sohn Isaak und legte ihn auf den Altar, oben auf das Holz. Dann streckte Abraham seine Hand aus und nahm das Messer, um seinen Sohn zu schlachten. Da rief ihm der Engel Jahwes vom Himmel her zu: Abraham, Abraham! Er antwortete: Hier bin ich! Jener sprach: Strecke deine Hand nicht aus gegen den Knaben und tu ihm nichts an! Denn jetzt weiß ich, daß du gottesfürchtig bist, da du mir deinen Sohn, deinen Einzigen, nicht vorenthalten hast. Als Abraham seine Augen erhob, sah er, daß sich hinter ihm ein Widder mit seinen Hörnern im Gestrüpp verfangen hatte. Da ging Abraham hin, nahm den Widder und brachte ihn statt seines Sohnes zum Brandopfer dar. Und Abraham nannte jenen Ort: ‚Jahwe-sieht‘, so daß man noch heute sagt: ‚Auf dem Berg, wo Jahwe gesehen wird.‘

Der Engel Jahwes rief Abraham ein zweites Mal vom Himmel her zu und sprach: Ich habe bei mir geschworen, Spruch Jahwes, weil du das getan und mir deinen einzigen Sohn nicht vorenthalten hast, will ich dich reichlich segnen und deine Nachkommen zahlreich machen wie die Sterne des Himmels und den Sand am Ufer des Meeres; deine Nachkommen sollen das Tor ihrer Feinde in Besitz nehmen, und durch deine Nachkommen sollen gesegnet werden alle Völker der Erde, weil du auf meine Stimme gehört hast. Darauf kehrte Abraham zu seinen Knechten zurück. Sie brachen auf, gingen zusammen nach Beerscheba, und Abraham blieb in Beerscheba wohnen" (Gen 22, 1–19).

Wie die Geschichte von Jona, so ist auch die Geschichte von Isaaks Opferung eines der ganz großen Beispiele israelischer Erzählkunst. Der Alttestamentler Gerhard von Rad[17] nennt sie mit Recht „die formvollendetste und abgründigste aller Vätergeschichten".

Der Stoff, der geschildert wird, ist ungeheuerlich. Wie nahe hätte es deshalb gelegen, den Seelenzustand Abrahams auszumalen oder das letzte Gespräch zwischen ihm und seinem Sohn dramatisch in Szene zu setzen. Dem Geschehen ist auch nichts von seiner Ungeheuerlichkeit genommen – und doch, mit welcher Verhaltenheit wird hier erzählt. Die Erzählung ist voll Dramatik – aber diese liegt nicht an der Oberfläche, sondern ist verborgen in einer fast nüchternen Aufzählung von Geschehnissen.

Man muß freilich genau lesen. Etwa die Stelle, wo Abraham Isaak das Holz zum Bandopfer zu tragen gibt, während er selbst das Messer und das Feuer nimmt, damit sich sein Kind nicht verletzt. Oder die Stelle, wo die beiden an ihrem Ziel angekommen sind und wo dann plötzlich immer genauer und präziser berichtet wird: „Als sie an den Ort kamen, den Gott bezeichnet hatte, baute Abraham den Altar, schichtete das Holz auf, band seinen Sohn Isaak und legte ihn auf den Altar, oben auf das Holz. Dann streckte Abraham seine Hand aus und nahm das Messer, um seinen Sohn zu schlachten." Die Erzählung wird immer langsamer und stockender. Kein Wort wird darüber gesagt, was im Herzen Abrahams vorging, und doch ist mit dieser einfachen Aneinanderreihung von Zeitwörtern alles gesagt. Die gesamte spätere Erzählkunst der Bibel lebt von den Vätergeschichten der Genesis, unter denen die Geschichte von der Opferung Isaaks die schönste und ergreifendste ist.

Worin besteht aber nun der Unterschied zwischen der Erzählung von Isaaks Opferung und der Jonaerzählung? Muß man beide Erzählungen der gleichen Gattung zuweisen, oder haben wir zwei verschiedene Gattungen vor uns? Sehen wir genau zu!

Im Jonabuch war besonders an der letzten Szene deutlich geworden, daß die Erzählung didaktischen Zwecken dient. Das Drama mit der Rizinusstaude, dem Wurm und dem Wüstenwind ist nur inszeniert, damit dem kleinen Leid Jonas das große Leid Gottes gegenübergestellt werden kann. Der Leser wird mit einer Frage entlassen, auf die er selbst die Antwort geben soll. – Derartiges fehlt in der Geschichte von Isaaks Opferung völlig. Hier endet die Erzählung nicht mit der Frage, sondern mit einer abrundenden Schlußnotiz: „Darauf kehrte Abraham zu seinen Knechten zurück. Sie brachen auf, gingen zusammen nach Beerscheba, und Abraham blieb in Beerscheba wohnen". Die Erzählung will also ein Ereignis aus dem Leben Abrahams berichten. Sie will Geschichte bieten. Ob „Geschichte" dabei allerdings so zu verstehen ist, wie wir das heute tun, wird uns noch eingehend beschäftigen. Zunächst halten wir einfach einmal fest: Die Erzählung von Isaaks Opferung will „Geschichte" bieten. Sie blickt zurück in die Vergangenheit.

Dieser Rückblick in wirkliche Vergangenheit wird noch deutlicher an der Notiz, die den ersten Teil der Erzählung abschließt, daß nämlich Abraham jenen Ort „Jahwe-sieht" nannte und daß jener Ort noch heute so genannt werde. Es gab also bereits in alter Zeit in Israel eine Verbindung zwischen unserer Erzählung und einem bestimmten Ort. Man verwies den Hörer beim Erzählen auf diesen Ort, und man wird wohl umgekehrt gerade an diesem Ort die Geschichte von Isaaks Opferung überliefert und weitererzählt haben. Wie immer die Relation von Ort und Erzählung nun genauerhin aussah: es handelt sich in der Erzählung von Isaaks Opferung um alte Überlieferung, die bewußt gepflegt wird. Das zeigt die Namenserklärung „Jahwe-sieht".

Damit sind wir bereits bei einem weiteren Unterschied zum Jonabuch angelangt. Das Jonabuch ist relativ jung. Wie wir sahen, blickt es auf Ninive und das Reich der Assyrer als eine Größe der Vergangenheit zurück. Es dürfte zwischen 400 und 200 vor Christus entstanden und sofort bei seiner Entstehung niedergeschrieben worden sein. Manche Motive und Stoffelemente des Jonabuches mögen älter sein – aber die Erzählung als ganze ist eine literarische Komposition. Sie ist keineswegs das Endstadium einer zunächst mündlichen Überlieferungsgeschichte.

Bei der Erzählung von Isaaks Opferung ist das anders. Sie muß sehr alt sein, und sie muß, bevor sie niedergeschrieben wurde, lange Zeit hindurch immer wieder mündlich erzählt worden sein. Dafür gibt es sichere Anzeichen: Wenn man einmal von der einleitenden Wendung („nach diesen Begebenheiten") und von dem Schlußsatz („Abraham blieb in Beerscheba wohnen") absieht, so steht die Erzählung in sich gerundet und geschlossen. Sie hat eine klare Disposition am Anfang und einen echten Ausklang am Ende. Erzählerische Spannung wird erzeugt, findet ihren Höhepunkt und wird dann gelöst. Das ist die eine Seite. Andererseits werden in der Erzählung sowohl Abraham als auch Isaak als bekannt vorausgesetzt. Nimmt man beides zusammen: daß die Erzählung ganz in sich geschlossen ist und doch in einen größeren Rahmen hineingehört – nämlich in ein Milieu, in dem man sich vielerlei von Abraham und seiner Familie erzählt, so ist klar, daß hier eine wirkliche *Erzählung* vorliegt, die zunächst mündlich überliefert wurde.

Ein weiterer Unterschied zum Jonabuch: Dort wird von einem einzelnen erzählt. Wir sahen zwar, daß sich die Leser in der Gestalt des Jona wiedererkennen sollen, und daß in Jona Israel selbst den Spiegel vorgehalten bekommt, aber zunächst einmal wird eben doch von einem einzelnen erzählt. Seine Familie bleibt aus dem Spiel. Seine Vergangenheit und seine Zukunft interessieren nicht.

Ganz anders in der Erzählung von Isaaks Opferung: Hier erfährt der Hörer ein Stück Familiengeschichte, mehr noch, er erfährt ein Stück der Geschichte Israels. Denn was mit Abraham und Isaak geschieht, ist Geschichte der Stammväter und damit Geschichte des ganzen Volkes.

Vor allem lebt die Erzählung geradezu von der Spannung zwischen Vergangenheit und Zukunft. Die Hörer kennen ja die Vergangenheit Abrahams: Daß er keinen Erben hatte, daß er von Gott die Verheißung eines Erben erhielt, und daß Isaak dieser Erbe ist. Und nun soll Isaak geopfert werden.

Für die jüdischen Hörer ist das noch etwas viel Furchtbareres als ein Kinderopfer. Es ist der Verlust der Zukunft, die Zurücknahme der Verheißung und damit letzte Gottverlassenheit. In dem Augenblick, da Gott von dem Opfer des Sohnes entbindet, wird Abraham die Verheißung und damit die Zukunft von neuem geschenkt. Davon spricht ja dann auch sehr ausführlich und ganz folgerichtig der Engel Gottes, als er zum zweiten Mal vom Himmel her ruft. Die Verheißung aus dem Munde des Engels zeigt übrigens sehr deutlich, daß es in Abraham um die Zukunft ganz Israels geht: „Weil du das getan hast und mir deinen einzigen Sohn nicht vorenthalten hast, will ich dich reichlich segnen und deine Nachkommenschaft zahlreich machen wie die Sterne des Himmels ..."

Fassen wir zusammen: 1. Die Erzählung von der Opferung Isaaks will nicht nur belehren, sondern wirkliche Geschichte bieten. 2. Sie ist sehr alt. Sie wurde bereits vor ihrer Niederschrift lange Zeit mündlich überliefert. 3. Sie will in einem Stück der Familiengeschichte Abrahams ein Stück der Geschichte des Volkes Israel erzählen.

Damit ist wohl deutlich geworden, daß hier eine ganz andere Gattung vorliegt als die der Lehr-Erzählung, wie sie etwa das Jonabuch bietet. Es geht um wirkliche Geschichte. Geschehnisse aus der Vergangenheit sollen erzählt werden.

Andererseits ist diese Geschichte nun doch wieder nicht Geschichte im modernen Sinn. Schon allein die Tatsache, daß hier die Geschichte eines ganzen Volkes als Familiengeschichte des Stammvaters vorgeführt wird, zeigt den Unterschied. In derartiger Weise die verworrenen und komplexen Schicksale vieler einzelner im Schicksal eines einzigen Mannes zu verdichten, wäre der heutigen Geschichtsschreibung verwehrt.

Auch daß hier die Geschichte eines Menschen und eines Volkes nahezu ausschließlich als *Geschichte* mit Gott begriffen und dargestellt wird, bildet einen tiefgehenden Unterschied zur heutigen Geschichtsschreibung. Wenn der moderne Mensch Geschichte zu begreifen sucht, beschränkt er sich konsequent auf rein innerweltliche Ursachen und Abläufe. Gott kommt in einer modernen Geschichtsdarstellung nicht vor, erst recht nicht so etwas wie Verheißungen Gottes. In der Erzählung von Isaaks Opferung hingegen geht es um Verheißung. Um Verheißung, die Gott gegeben hat, die er zurückzunehmen scheint und die er dann von neuem schenkt.

Das alles ist zwar wirkliche Erfahrung, die Israel im Lauf seiner Existenz immer wieder gemacht hat und die sich deshalb in der Erzählung von Isaaks Opferung niederschlagen konnte. Aber es ist eine Erfahrung des Glaubens, die nur demjenigen offensteht, der selbst glaubt.

Ein weiterer Unterschied zur heutigen Geschichtsschreibung kommt hinzu: die geschichtlichen Erfahrungen, die sich in der Erzählung von Isaaks Opferung niedergeschlagen haben, wurden nicht an einem einzigen Punkt der Geschichte Israels gemacht, sondern sie erstrecken sich über Jahrhunderte.

Für die alttestamentliche Wissenschaft steht es seit langem fest, daß die religionsgeschichtlichen Wurzeln unserer Erzählung tief in die Vergangenheit Palästinas hinabreichen. Denn der Brauch, in Notzeiten oder bei besonderen Anlässen Gott den Erstgeborenen als kostbarsten Besitz zu opfern, ist uralt. Oft geschah ein solches Opfer im Rahmen eines Gelübdes. Von einer bestimmten Zeit an muß es dann möglich gewesen sein, bei einem Gelübde dieser Art das Kind durch ein Opfertier *auszulösen*. Die Auslösung wurde höchstwahrscheinlich an einigen wenigen, hierfür eigens reservierten Heiligtümern vollzogen. Es ist klar, daß zwischen einer Zeit, in der man Gott Kinder als kostbarstes Opfer schlachtete, und einer späteren Zeit, in der solche Opfer durch Tieropfer ersetzt wurden, eine ganz bestimmte religiöse Erfahrung, eine tiefere Erkenntnis Gottes, stattgefunden haben muß: Gott will nicht Menschenopfer; er will das menschliche Herz, er will Glauben und Vertrauen. Erfahrungen dieser Art haben unsere Geschichte konstituiert.

Andererseits haben sich in dieser Geschichte aber auch Erfahrungen niedergeschlagen, die aus einer viel späteren Zeit stammen, zum Beispiel die Erfahrung, daß Gott Israel gesegnet hat, daß er es groß gemacht hat und daß er ihm das ersehnte Land gegeben hat. Das alles ist ja in der zweiten Rede des Engels ausgesprochen – und diese Rede ist der Erzählung deutlich erst in einem späteren Stadium zugewachsen. Man sieht dies schon daran, daß der Engel Jahwes ein zweites Mal erscheint. Ursprünglich endete die Erzählung von Isaaks Opferung mit dem Satz: „Und Abraham nannte jenen Ort: ‚Jahwe-sieht', so daß man noch heute sagt: ‚Auf dem Berg, wo Jahwe gesehen wird.'"

Damit sind freilich noch immer nicht alle Geschichtserfahrungen, die hinter den verschiedenen Schichten unserer Erzählung stehen, aufgedeckt. Wir hatten bereits früher gesehen: Hinter der Erzählung steht auch die Erfahrung, daß Gott seine Verheißung gibt, daß er diese Verheißung zurückzunehmen scheint und daß er sie dann von neuem schenkt. Dies alles und noch vieles andere an konkreter, immer neu gemachter Erfahrung Israels ist in die Erzählung von Isaaks Opferung eingeflossen, und zwar zu den verschiedensten Zeiten.

Welcher Gattung soll man nun einen solchen Text zuweisen, der die Geschichte eines Volkes erzählen will, aber eben anhand der Geschichte eines einzelnen und seiner Familie; der die vielfältigen Erfahrungen eines ganzen Volkes widerspiegelt, und zwar die Erfahrungen langer Zeiträume; der schließlich, bevor er niedergeschrieben wurde, bereits Jahrhunderte lang mündlich überliefert worden war? Es gibt für einen Text dieser Art nur eine Gattungsbezeichnung, die paßt: Sage!

Wenn der Begriff der Sage in der modernen Bibelwissenschaft mehr und mehr Verwendung findet, so hat er durchaus nicht den negativen Beiklang, der bei vielen Zeitgenossen noch immer mitschwingt, nämlich: phantastische Erzählung aus der Vorzeit, die mehr oder weniger erfunden ist. Sage im literaturwissenschaftlichen Sinn meint vielmehr einfach eine Erzählung, die lange Zeit *mündlich* weitergegeben (die „gesagt") wurde, und in der sich die Gemeinschaftserlebnisse, die Erfahrungen und das Selbstverständnis früherer Generationen erhalten haben.

Fast alle Vätergeschichten der Genesis und viele andere Erzählungen des Alten Testaments sind in diesem Sinne Sagen. Ihre Wahrheit ist nicht einfach die Wahrheit des äußeren Faktums, allerdings auch nicht einfach eine innere

Wahrheit wie im Jonabuch. Hinter den Erzählungen von den Vätern steht wirklich erlebte Geschichte, die sich freilich nicht vordergründig mit dem äußeren Ablauf des Erzählten deckt. Abraham, Isaak und Jakob sind historische Gestalten. Sie sind aber gleichzeitig großartige künstlerische Verdichtungen dessen, was Israel in Jahrhunderten erfahren hat: daß es von Gott gerufen und geführt wird; daß Gott trotz allen menschlichen Versagens zu seinen Verheißungen steht; daß er sein Volk ins Dunkel führen kann, daß er aber am Ende alles Leid in Segen verwandelt. Diesen Glauben hat Israel aus vielfältigen und weiträumigen Erfahrungen in sein eigenes Selbstverständnis eingebracht, ihn personal verbildlicht und in den Vätersagen veranschaulicht.[18]

Gerade das Nachdenken über die verschiedenen Formen menschlichen Redens bringt uns heute zu der Erkenntnis, daß die Sage die adäquate und vielleicht sogar die einzige Form ist, wie sich Erfahrungen der beschriebenen Art, die von einem ganzen Volk gemacht werden, sprachlich niederschlagen können. Der Begriff der Sage ist deshalb für den heutigen Bibelwissenschaftler kein negativer, sondern ein positiver Begriff.

5. Der Aufstand Abschaloms

Was bisher zu Gleichnis, Lehr-Erzählung und Sage angeführt wurde, darf nun keineswegs zu der Annahme verleiten, daß es in der Bibel überhaupt keine Geschichtsschreibung gäbe. Das wäre ein völlig falsches Bild. So bietet uns zum Beispiel die *Geschichte der Thronfolge Davids* (2 Sam 9–20; 1 Kön 1–2) Jahrhunderte vor Herodot, dem Vater der abendländischen Geschichtsschreibung, eine großartige Darstellung aktueller Geschichte mit sehr genauen und detailreichen Informationen. Sie muß als unerreichtes Meisterwerk altorientalischer Geschichtsschreibung bezeichnet werden. Allerdings liegt uns die „Geschichte der Thronfolge Davids" nicht mehr in ihrem ursprünglichen Umriß vor. Sie wurde nämlich später in das sogenannte Deuteronomistische Geschichtswerk eingearbeitet, das die Bücher Deuteronomium, Josua, Richter, 1 und 2 Samuel und 1 und 2 Könige umfaßt. Greifen wir aus der „Geschichte der Thronfolge" den Abschnitt 2 Sam 15, 1—23 heraus! Er erzählt, wie Abschalom, der Sohn Davids, einen Aufstand gegen seinen eigenen Vater organisiert, der David in eine der gefährlichsten Situationen seiner ganzen Regierungszeit brachte.

„Danach geschah folgendes: Abschalom schaffte sich Wagen und Pferde an, dazu fünfzig Mann, die vor ihm herliefen. Frühmorgens stellte sich Abschalom an den Torweg, und wenn jemand eine Streitsache hatte, die beim König zur Entscheidung kommen sollte, redete Abschalom ihn an und fragte: Aus welcher Stadt bist du? Antwortete jener: Dein Knecht kommt aus dem und dem Stamme Israels, so sagte Abschalom zu ihm: Deine Angelegenheit ist gut und in Ordnung. Leider wird es aber beim König keinen geben, der dir Gehör schenkt. Ferner sprach Abschalom: Würde man doch mich zum Richter im Lande bestellen! Jeder, der eine Streitsache hat und einen Rechtsspruch braucht, dürfte zu mir kommen und ich würde ihm Recht verschaffen! Wenn dann jemand herantrat, sich vor ihm niederzuwerfen, streckte er seine Hand aus, zog ihn an sich und küßte ihn. Derart machte es Abschalom mit allen Israeliten, die wegen einer Rechtsentscheidung zum König kamen, und so stahl sich Abschalom die Herzen der Israeliten.

Nach Verlauf von vier Jahren sprach Abschalom zum König: Ich möchte gehen und in Hebron ein Gelübde erfüllen, das ich Jahwe gelobt habe. Dein Knecht machte nämlich, als er zu Geschur in Aram saß, das Gelübde: Läßt mich Jahwe nach Jerusalem zurückkehren, so will ich für Jahwe eine Opferfeier abhalten. Der König erwiderte ihm: Geh hin in Frieden! Da machte er sich auf und ging nach Hebron.

Abschalom hatte aber Verbindungsmänner zu allen Stämmen Israels gesandt und sagen lassen: Sobald ihr Posaunensignale hört, ruft aus: Abschalom ist König geworden in Hebron! Abschalom hatten zweihundert Männer aus Jerusalem begleitet. Sie waren zur Opferfeier eingeladen worden und arglos mitgegangen, ohne etwas zu ahnen. Abschalom ließ auch, während er die Opfer darbrachte, den Giloniten Achitofel, den Berater Davids, aus seiner Stadt Gilo kommen. So wuchs die Verschwörung, und immer mehr Volk scharte sich um Abschalom.

Jemand gelangte zu David und meldete: Die Herzen der Israeliten haben sich Abschalom zugewandt. Da sprach David zu dem gesamten Gefolge, das sich bei ihm in Jerusalem befand: Auf, wir müssen fliehen, sonst gibt es keine Rettung vor Abschalom! Brecht sofort auf, sonst erreicht er uns plötzlich, bringt den Tod über uns und schlägt die Stadt mit der Schärfe des Schwertes! Die Leute des Königs entgegneten ihm: Ganz wie der Herr und König sich entscheidet – wir sind deine Knechte!

So zog der König fort, und sein ganzes Haus hinter ihm her. Nur zehn Nebenfrauen ließ der König zurück, das Haus zu bewahren. So zog der König also fort, und das ganze Kriegsvolk hinter ihm her.

Beim letzten Haus machten sie halt. All seine Knechte, sowie alle Kreter und Pleter schritten an ihm vorüber. Auch alle Gatiter, sechshundert Mann, die aus Gat zu ihm gekommen waren, schritten am König vorüber.

Da sprach der König zu Ittaj, dem Gatiter: Weshalb ziehst auch du mit uns? Kehre um und wohne bei dem König, denn du bist fremd und aus deiner Heimat verbannt! Gestern erst kamst du, und heute schon soll ich dich mit uns umherirren lassen? Ich werde bald hierhin, bald dorthin ziehen müssen. Kehre um, und nimm deine Landsleute mit dir zurück! Gnade und Treue sei mit dir! Doch Ittaj antwortete dem König: So wahr Jahwe lebt, und so wahr mein Herr und König lebt – wo mein Herr und König sein wird, sei es zum Tod, sei es zum Leben, dort wird auch dein Diener sein! Da sprach David zu Ittaj: So komm und ziehe vorüber! Und Ittaj, der Gatiter, zog mit all seinen Männern und dem ganzen Troß, der bei ihm war, vorüber.

Die gesamte Bevölkerung aber brach in Weinen aus, als alle Kriegsleute vorüberzogen, der König den Kidronbach überschritt, und alle Kriegsleute in der Richtung zur Wüste weiterzogen" (2 Sam 15, 1–23).

Worin liegt der Unterschied zwischen dieser Erzählung von dem Beginn des Aufstands Abschaloms und der Erzählung von der Opferung Isaaks? Zunächst wird man sagen müssen: Die Geschichte von der Opferung Isaaks ist eine leicht überschaubare, abgerundete und in sich geschlossene Erzählung. Sie hat einen klaren Höhepunkt; ihre Handlung ist, trotz aller Hintergründigkeit, einfach und geradlinig: Gott hat seinen Befehl gegeben, Abraham gehorcht, und nichts hält ihn dabei auf, Gott nimmt seinen Befehl zurück.

In dem Text aus der „Thronfolge Davids" ist das alles ganz anders. Die Erzählung ist viel weiträumiger. Sie hat schon vorher sehr viel von David und Abschalom erzählt und sie fließt auch nachher noch lange wie ein großer Strom fort. Aber nicht nur, daß die Stoffmasse hier viel größer ist, der Stoff ist auch viel sperriger und komplizierter.

Man kann sich das sehr schön an der Zahl der auftretenden Personen verdeutlichen. In der Geschichte von Isaaks Opferung begegnen Abraham, Isaak, zwei Knechte und der Engel Jahwes, mit dem im Grunde Gott selbst gemeint ist. Die Knechte bleiben völlig farblos; selbst Isaak steht irgendwie am Rande. Die eigentlichen Träger der Handlung sind Gott und Abraham. Zwischen ihnen geschieht die Geschichte.

In unserem Text hingegen stehen sich David und Abschalom als zwei gleichbedeutende menschliche Handlungsträger gegenüber. Daneben begegnet aber auch noch ein Mann wie Achitofel aus Gilo, einer der klügsten Berater

Davids, der sich auf die Seite des Empörers schlägt und der dadurch – wie der Fortgang der Geschichte zeigt – für David äußerst gefährlich wird. Aber damit nicht genug! In unserem Text finden sich als weitere Gruppierungen die Israeliten, deren Herzen Abschalom „gestohlen" hat – ein zwar anonymer und unsichtbarer, aber dennoch wichtiger Faktor des Geschehens; sodann die zweihundert Vornehmen aus Jerusalem, die mit Abschalom nach Hebron gegangen sind und die sich dann wohl größtenteils auf die Seite des Empörers geschlagen haben; endlich die Truppen, über die David im Augenblick des Aufstandes verfügen kann: die Kreter und Pleter (es handelt sich dabei um die königliche Leibgarde) und die nicht unwillkommene Schar des Ausländers Ittaj. All diese Personen und Gruppen sind keineswegs nur Staffage und Hintergrund, sondern sie sind verflochten in ein Geschehen, das viel verwickelter ineinanderspielt und viel weniger überschaubar ist als die Geschichte von der Opferung Isaaks.

Wenn gesagt wurde, daß die Erzählung von der Thronfolge viel *weiträumiger* sei, so ist das schließlich auch noch in dem Sinne zu verstehen, daß überhaupt erst hier ein gesellschaftlicher und politischer Horizont in den Blick kommt. Schon die ersten Sätze unseres Textes, in denen die Rechts- und Verwaltungspraxis Davids (nicht gerade vorteilhaft) ins Licht rückt, machen deutlich, daß nun Geschichte – viel differenzierter als in den Vätersagen – als das Ergebnis vielfältiger politischer und gesellschaftlicher Verflechtungen gesehen wird.

Ein weiterer Unterschied zur Geschichte von Isaaks Opferung: In unserem Text gibt es eine Menge konkreter Einzelheiten, die zwar auf der Ebene der Erzählung durchaus ihre Funktion haben, die aber vom Stoff, beziehungsweise vom Geschehen her, „zufällig" sind. Machen wir uns das, was damit gemeint ist, an einem Beispiel klar: Wenn in die Geschichte von Isaaks Opferung ein Esel, Holz für den Brandopferaltar, Feuer, Messer und schließlich ein Widder vorkommen, so sind das vom Stoff her „logische" und mehr oder weniger notwendige Requisiten der Erzählung.

Wenn hingegen in unserem Text berichtet wird, daß Abschalom zweihundert Männer aus Jerusalem dazu bringen konnte, arglos nach Hebron mitzugehen, oder daß David damals gerade sechshundert Söldner aus Gat in die Stadt aufgenommen hatte, oder daß er zehn Nebenfrauen in seinem Palast zurückließ, so sind das konkrete Einzelheiten, die genau so gut auch anders hätten sein können. Wie gesagt, diese Einzelheiten haben innerhalb der Erzählung durchaus ihre Funktion: Daß zweihundert Männer arglos nach Hebron mitgehen, zeigt wie raffiniert Abschalom die Verschörung ins Werk setzte, die Episode mit den Gatitern beleuchtet gegenüber der Treulosigkeit Abschaloms, wie wahre Treue aussieht, und die zehn Nebenfrauen werden später von Abschalom in Besitz genommen und geschändet werden – aber all das hätte natürlich in der Wirklichkeit wie in der Erzählung anders sein können.

Ein weiterer Unterschied: Wir hatten gesehen, wie in der Sage, erst recht aber in der Lehr-Erzählung, typisiert wird. Die Gestalt Abrahams ist zwar historisch, aber sie ist zugleich die Verdichtung jahrhundertealter Glaubenserfahrungen Israels. Jona ist ein Mann, in dem sich das eigensinnige, vor Gott fliehende und ständig mit sich selbst beschäftigte Israel wiedererkennen soll. Ninive ist Symbol für die große, fremde und unheimliche Macht des Heidentums.

Typisierungen dieser Art fehlen in unserem Text völlig. Zwar ist auch David später zum Typus geworden. Aber in unserer Erzählung ist er das mit Sicherheit noch nicht. Er und alle anderen Gestalten der Thronfolgegeschichte werden als scharfgeprägte und unverwechselbare Charaktere dargestellt, und zwar mit einer psychologischen Klarsicht und Genauigkeit, über die man nur staunen kann. Welches Licht fällt in unserem doch relativ kurzen Text allein auf Abschalom: Wie er sich ein Pferdegespann anschafft – für die damalige Zeit unerhörte Neuheit und aufsehenerregender Luxus; wie fünfzig Läufer vor ihm herlaufen müssen, wo immer er öffentlich auftritt; wie er sich beim Volk einschmeichelt; wie er die Schwächen der davidischen Verwaltung und Rechtssprechung geschickt ausnutzt; wie er schließlich vier Jahre lang mit unheimlicher Geduld und Verstellung wartet, bis er endlich zuschlagen kann – vor dem Mord an seinem Bruder Amnon hatte er in ähnlicher Weise zwei Jahre lang mit eiskalter Berechnung gewartet. Mit solcher Scharfeinstellung sind in der orientalischen Literatur bis zu diesem Zeitpunkt noch nie Menschen dargestellt worden.

Der Konkretheit in der Zeichnung der Personen entspricht die Konkretheit in der Darstellung des Raumes. Der Schauplatz der Erzählung wechselt ständig und er wird stets sorgfältig fixiert: Jerusalem, Hebron, wieder Jerusalem, letztes am Stadtrand, Kidrontal, Marsch in Richtung Wüste. Greifen wir von diesen geographischen Angaben Hebron heraus! Indem gerade diese Stadt als Ausgangspunkt des Aufstandes genannt wird, klingt ein ganzer Hintergrund an: Hebron ist die Geburtsstadt Abschaloms – die Einwohner standen also wohl auf seiner Seite. Es ist weiterhin die alte Residenzstadt Davids, die dieser aber dann zugunsten Jerusalems aufgegeben hatte – höchstwahrscheinlich ein Grund, daß die Bevölkerung von Hebron nicht gerade gut auf David zu sprechen war. Noch aus anderen Gründen war Hebron als Ausgangspunkt für den Aufstand gut geeignet: Die Entfernung nach Jerusalem war nicht sehr groß; David mußte ja dann tatsächlich Hals über Kopf die Hauptstadt verlassen. Außerdem war Hebron als Kultstätte und Wallfahrtsort berühmt – der Vorwand eines Opfers gerade in Hebron also stichhaltig. Dieser gesamte zeitgeschichtliche Hintergrund klingt an, wenn in unserem Text Hebron genannt wird. Welch ein Unterschied zur Nennung Ninives im Jonabuch oder zur Nennung der Kultstätte in der Sage von Isaaks Opferung!

Kommen wir zu einem letzten Unterschied! In der Geschichte von Isaaks Opferung ruft im entscheidenden Augenblick der Engel Jahwes vom Himmel her und wendet so das Geschehen. Aber auch schon zu Beginn heißt es: „Gott sprach: Nimm deinen Sohn, deinen Einzigen, den du lieb hast, den Isaak, geh in das Land Morija und bringe ihn dort auf einem Berg, den ich dir zeigen werde, als Brandopfer dar!" Gott spricht also mit den Menschen, er gibt ihnen Aufträge und Verheißungen, er greift sichtbar und wunderbar in das irdische Geschehen ein.

In der Geschichte der Thronfolge wäre es undenkbar, daß Gott vom Himmel her ruft. Er wirkt auch keine Wunder, um mit ihrer Hilfe die Geschichte zu lenken. Alles, was geschieht, wird zunächst einmal als ein Gefüge innerweltlicher Ursachen und Kausalketten betrachtet. Wir haben bereits gesehen, wie sorgfältig die verschiedensten Personen, Personengruppen und gesellschaftlichen Konstellationen in die Darstellung eingebracht sind. Das ist gegenüber den Vätersagen eine entscheidende Wandlung! Hier wird nun Geschichte wirklich als *weltliche* Geschichte begriffen, und damit ist überhaupt erst die Voraussetzung für wirkliche Geschichtsschreibung gegeben.

Es darf allerdings nicht übersehen werden, daß selbst bei dieser Form biblischer Geschichtsschreibung alle Geschehnisse auf Gott hin offen bleiben. Auch die Geschichte, die in der Thronfolgeerzählung beschrieben wird, ist von Gott umfangen und gelenkt. In unserem Text wird das nicht sichtbar. Aber an anderen Stellen, vorher und nachher, macht der Erzähler manchmal eine kleine Zwischenbemerkung, die deutlich zeigt, daß auch für ihn hinter allem Geschehen Gott steht. So findet sich zum Beispiel in 2 Sam 11, 27 – nach dem Verbrechen Davids an Uria – der unscheinbare Satz: „Doch Jahwe mißfiel, was David getan hatte." Der Leser ahnt schon hier: David wird für das, was er Uria antat, nicht ungestraft bleiben. Damit ist deutlich: Es gibt in Israel keine rein weltliche Geschichtsschreibung.

Gott bleibt stets in der Geschichte wirksam und er umfängt alles Geschehen. Trotzdem springt der Unterschied zu den Vätersagen in die Augen: Geschichte wird als weltliche Geschichte ernstgenommen und dargestellt. Darauf kam es hier an.

Wenn wir nun noch einmal zurückblicken, dürfen wir sagen: In der Geschichte von der Thronfolge Davids liegt eine Form der Erzählung vor, die wir mit Recht als *Geschichtserzählung* bezeichnen dürfen. Von *Sage* kann hier keine Rede mehr sein. Hier ist wirkliche Geschichte mit ihrem Gefüge von Einzelpersonen, Gruppen und gesellschaftlichen Mächten, mit ihrer „Unlogik" und mit ihren Zufälligkeiten gestaltet. Und diese Gestaltung hat eine neue Form der Erzählung konstituiert: die Geschichtserzählung.

Mit dem Wort „Geschichtserzählung" ist freilich nicht gemeint, diese Form der Geschichtsdarstellung sei ursprünglich wie die Sage mündlich verbreitet, also *erzählt* worden. Bei der Geschichte von der Thronfolge können wir mit Sicherheit sagen, daß sie sofort als literarisches Werk abgefaßt wurde. Ihr Verfasser muß ein gebildeter Mann am Hofe Salomos (ca. 970 bis 930 v. Chr.) gewesen sein, der wohl selbst Augenzeuge war, dem aber auch Archivmaterial und vielfältige mündliche Nachrichten zur Verfügung standen. Ihr „Sitz im Leben" ist höchstwahrscheinlich ein Kreis von Beamten und Gebildeten am königlichen Hof, der ein besonderes Interesse an der Geschichte des jungen Königtums hatte und auch an der Sammlung und Aufzeichnung älterer Überlieferungen interessiert war. Vieles spricht sogar dafür, daß die Geschichte der Thronfolge Davids eine ganz konkrete politische Intention hatte: Sie sollte Salomo als den Thronfolger Davids legitimieren. Auf jeden Fall ist sie von Anfang an ein literarisches Werk gewesen.

Wenn wir trotzdem von Geschichts*erzählung* sprechen, so hat das einen anderen Grund. Eine Geschichtsdarstellung kann die Ereignisse, von denen sie spricht, ja auch viel abstrakter behandeln, sie kann aus der Distanz Fakten aneinanderreihen und verknüpfen, sie kann in die Abfolge der Ereignisse Erörterungen und Reflexionen des Verfassers einstreuen. Dann liegt keine reine Erzählung mehr vor, sondern die Darstellung nähert sich der *Abhandlung*. Lesen wir unter dieser Rücksicht einmal den folgenden Text! Er hat ebenfalls einen politischen Aufstand zum Inhalt, nämlich die Verschwörung des Catilina gegen den römischen Staat. Allerdings ist er rund 900 Jahre jünger als die Schilderung des Aufstands Abschaloms. Er stammt von dem römischen Historiker Sallust (86—34 v. Chr.) und bildet das 17. Kapitel seines Werkes „Die Verschwörung des Catilina":[19]

„So wandte er sich (nämlich Catilina) um den ersten Juni des Jahres 64, als Lucius Caesar und Gaius Figulus Konsuln waren, zunächst an einzelne; den einen redet er gut zu, andere sucht er zu gewinnen und weist auf seine Machtmittel hin, auf den ungerüsteten Staat und auf die gewaltigen Vorteile einer Verschwörung. Sobald er über alles Wünschenswerte genügend Bescheid weiß, ruft er alle die zusammen, bei denen die Notlage am schwersten und die Verwegenheit am größten ist. Da erscheinen aus dem Senatorenstande Publius Lentulus Sura, Publius Autronius, Lucius Cassius Longinus, Gaius Cethegus, Publius und Servius Sulla, des Servius Söhne, Lucius Vargunteius, Quintus Annius, Marcus Porcius Laeca, Lucius Bestia, Quintus Curius; ferner aus dem Ritterstande Marcus Fulvius Nobilior, Lucius Statilius, Publius Gabinius Capito, Gaius Cornelius; dazu viele aus den römischen Siedlungen und Landstädten, die daheim zum Adel gehörten. Außerdem waren an dem Plane manche Adlige insgeheim beteiligt, die eher eine Aussicht auf Gewaltherrschaft als Not oder eine andere Zwangslage dazu veranlaßte. Übrigens begünstigte die Jugend in großer Zahl Catilinas Unternehmen, besonders aber die vom Adel: während sie die Möglichkeit hatten, in aller Ruhe ein prächtiges oder doch behagliches

Leben zu führen, zogen sie das Ungewisse dem Gewissen, den Krieg dem Frieden vor. So glaubten damals auch manche Leute, Marcus Licinius Crassus habe von dem Plan gewußt; weil Gnaeus Pompeius, ihm persönlich verhaßt, der Führer eines großen Heeres war, habe Crassus jede beliebige Macht als Gegengewicht gegen des anderen Gewalt gern anwachsen sehen, zugleich in der Hoffnung, bei einem Erfolg der Verschwörung leicht ihr Führer zu werden" (Sallust, Verschwörung des Catilina 17).

Selbstverständlich ist auch dieser Text keine reine Abhandlung. Auch er erzählt. Aber wie anders als in der Geschichte der Thronfolge wird hier erzählt! Wie kunstvoll und überlegt wird hier der Faden der Handlung immer wieder unterbrochen durch Erwägungen und Urteile des Autors. Unmittelbar auf den hier zitierten Text folgt ein längerer Exkurs über eine frühere Verschwörung, an der Catilina ebenfalls beteiligt war. Und an anderer Stelle gibt es Texte, die seitenlange Reflexionen Sallusts bieten.

Demgegenüber ist die Geschichte der Thronfolge reine *Erzählung*. Sie bietet Geschichte in Geschichten. Und so ist es überall in der Bibel, selbst da, wo sich die biblische Geschichtsschreibung, wie hier, auf ihrem höchsten Niveau bewegt. Stets wird eine lebendige und anschauliche Geschichte erzählt, und stets tritt der Erzähler ganz hinter dem Erzählten zurück. Das hat natürlich seinen Vorteil und seinen Nachteil.

Der Nachteil: Die reine Erzählung muß die Wirklichkeit immer stilisieren. Sie muß vieles weglassen. Sie muß vieles vereinfachen. Sie gestattet nur indirekt ein Urteil des Autors. Sie gibt nicht Rechenschaft über ihre Quellen und Gewährsleute. Ihre unschätzbaren Vorteile aber sind: Farbe, Leben, Dramatik, Anschaulichkeit. Sie vermag zu ergreifen und nachdenklich zu machen. Vor allem: Man vergißt sie so schnell nicht mehr. Denn was sie sagt, sagt sie in einer Dichte und Tiefe, die der reinen Abhandlung verschlossen bleibt.

6. Hofchronik und Reisetagebuch

In dem oberen zitierten Text aus der „Verschwörung des Catilina" wird an einer bestimmten Stelle eine lange Reihe von Personennamen aufgezählt: „Da erschienen aus dem Senatorenstande Publius Lentulus Sura, Publius Autronius, Lucius Cassius Longinus, Gaius Cethegus, Publius und Servius Sulla, des Servius Söhne, Lucius Vargunteius, Quintus Annius, Marcus Porcius Laeca, Lucius Bestia, Quintus Curius; ferner aus dem Ritterstande Marcus Fulvius Nobilior, Lucius Statilius, Publius Gabinius Capito ..."

Diese Aufzählung hebt sich mit ihrer bloßen Aneinanderreihung von Namen deutlich vom übrigen Text ab. Man nennt solche Aufzählungen „Listen" und betrachtet sie mit Recht als eine eigene literarische Gattung. In unserem Fall steht die Liste der Mitverschwörer Catilinas nahtlos im übrigen Text, und es ist durchaus möglich, daß erst Sallust sie zusammengestellt hat. Dann hätte sie nie für sich allein existiert.

Es gibt aber auch Listen, die isoliert als in sich stehende Formen existieren. Denken wir nur an Personen- und Sachkarteien, an Telephon- und Adreßbücher, an Wörterbücher, Register oder Inventarverzeichnisse. Sie alle stimmen formal darin überein, daß in ihnen Wörter einer bestimmten Art aneinandergereiht werden; das eben ist die Eigenart der Liste.

Die Gattung der Liste ist nicht nur weitverbreitet, sie ist auch sehr alt. Sie begegnet uns schon in den ältesten schriftlichen Dokumenten der Menschheit. Da gibt es Listen von Königen, von eroberten Städten und Provinzen, von Kriegern und Beamten oder von Weihegeschenken für ein Heiligtum.

Selbstverständlich begegnet auch in der Bibel, die so überaus reich an festen Formen ist, die Gattung der Liste. Besonders im Alten Testament finden sich für sie zahlreiche Belege. Als Beispiel diene eine Liste der höheren Offiziere und Beamten Davids, die in 2 Sam 20, 23–26 überliefert ist: „Joab war Feldherr über das gesamte israelitische Heer. Benaha, der Sohn Jehodajas, befehligte die Kreter und Pleter. Adoram war Aufseher über die Fron. Josafat, der Sohn Achiluds, war Kanzler. Schuscha war Staatsschreiber. Zadok und Ebjatar waren Priester. Auch der Jairite Ira war Priester bei David."

Diese Beamtenliste ist auf jeden Fall sehr alt. Sie stammt aus der Zeit Davids oder Salomos. Und sie hat wohl zunächst für sich existiert. Erst Jahrhunderte später baute sie dann der Verfasser des Deuteronomistischen Geschichtswerks in seine Darstellung ein.

Ähnlich verhält es sich mit einer Liste, die das 13. Kapitel der Apostelgeschichte eröffnet. Hier handelt es sich allerdings nicht um eine Liste von Beamten, sondern um die führenden Männer der Gemeinde von Antiochia zur Zeit des Paulus:

„Es waren in Antiochia in der Gemeinde als Propheten und Lehrer: Barnabas, Simeon mit dem Beinamen Niger, Lucius von Zyrene, Manaën, ein Jugendgefährte des Tetrarchen Herodes, und Saulus" (Apg 13, 1).

Auch diese Liste ist älter als das Werk, in dem sie jetzt steht. Der Verfasser der Apostelgeschichte hat sie bereits übernommen und sie an passender Stelle in sein Geschichtswerk eingebaut.

Es ist natürlich klar, daß Listen, die so alt und ursprünglich sind wie die hier wiedergegebenen, für den Historiker eine wahre Fundgrube darstellen. Sie bieten ja viel mehr als nur einige Namen. Zwischen den sorgfältig überlieferten Namen öffnet sich ein ganzer geschichtlicher Hintergrund. So erlaubt die in 2 Sam 20 erhaltene Liste wertvolle Einblicke in die Verwaltungspraxis Davids, und Apg 13, 1 zeigt uns umrißhaft die Struktur der frühen antiochenischen Kirche: Es gab noch keine institutionelle Ordnung mit einem Bischof an der Spitze der Gemeinde und einem Kollegium von Presbytern und Diakonen, sondern die Gemeinde wurde von Propheten und Lehrern, also von Charismatikern, geführt.

Eng verwandt mit der Gattung der Liste ist die Chronik. Denn im gewissen Sinn ist auch sie ein Verzeichnis. Zwar nicht ein Verzeichnis von Sachen und Personen, wohl aber ein Verzeichnis von Begebenheiten, die in größtmöglicher Knappheit aufgezeichnet werden – meist in regelmäßigen zeitlichen Abständen. Geschehen solche Aufzeichnungen jeden Tag, so spricht man von einem Tagebuch; geschehen sie jährlich, so spricht man von Jahrbüchern oder noch besser von Annalen (lat. annus = Jahr).

Auch die Gattung der Chronik ist uralt. Es muß sich an den alten orientalischen Königshöfen bald als zweckmäßig erwiesen haben, wichtige Vorkommnisse eines Regierungsjahres oder auch der gesamten Regierungszeit eines Herrschers chronikartig zusammenzustellen und diese Chronik neben Listen und Urkunden im Regierungsarchiv aufzubewahren. Daneben hatten aber auch die großen Heiligtümer, die ja staatliche Institutionen waren, ihre eigene Chronik und ihr eigenes Tempelarchiv.

Selbstverständlich gab es solche offiziellen Chroniken auch bei David und seinen Nachfolgern. Die Namen von drei Chroniken der Königszeit sind uns im Alten Testament noch überliefert. Es existierte ein „Buch der Begebenheiten Salomos" (also eine Hofchronik Salomos); ein „Buch der Begebenheiten der Tage der Könige von Israel" (also eine Hofchronik des Nordreiches) und ein „Buch der Begebenheiten der Tage der Könige von Juda" (also eine Hofchronik des Südreiches). Leider ist uns keine dieser Chroniken mehr erhalten. Aber der Verfasser des Deuteronomistischen Geschichtswerks hat Teile von ihnen in seine Geschichtsdarstellung eingebaut oder doch wenigstens in Auszügen übernommen. Einer der Auszüge aus der „Chronik der Könige Israels" sei hier wiedergegeben. Er handelt von Ela, der von 886–885 König des Nordreiches war:

„Im 26. Jahr der Jahre des Königs Asa von Juda wurde Ela, der Sohn Baschas, König über Israel. Er regierte in Tirza zwei Jahre. Wider ihn verschwor sich sein Diener Simri, Befehlshaber der Hälfte der Kriegswagen. Als Ela in Tirza war und sich im Hause des Arza, des Palastvorstehers in Tirza, völlig betrunken hatte, drang Simri ein und erschlug ihn. Das war im 27. Jahr des Königs Asa von Juda. Simri wurde König anstelle von Ela. Gleich nachdem er König geworden war und sich auf seinen Thron gesetzt hatte, erschlug er das ganze Haus Bascha. Er ließ von ihnen keinen übrig, der an die Wand pißt, weder Verwandte noch Freunde. *So beseitigte Simri das ganze Haus Bascha, gemäß dem Worte, das Jahwe durch den Propheten Jehu gegen Bascha gesprochen hatte. Dies geschah wegen all der Sünden, mit denen sich Bascha und sein Sohn Ela versündigt hatten, indem sie Jahwe, den Gott Israels, durch ihre Götzen erzürnten. Die übrige Geschichte Elas und alles, was er getan hat – ist das nicht aufgeschrieben im Buch der Begebenheiten der Tage der Könige von Israel?*" (1 Kön 16, 8–14).

Jeder, der diesen Text liest, spürt wohl unmittelbar, daß hier eine Gattung eigener Art vorliegt. Auf keinen Fall handelt es sich um eine Erzählung. Es werden ja Daten und Fakten aus einem größeren Zeitraum einfach aneinandergereiht. Zunächst das Jahr des Regierungsantritts Elas – angegeben mit Hilfe der Chronologie des gleichzeitig regierenden Königs im Südreich; dann der Name des Königs; dann der Name seines Vaters; dann der Ort seiner Residenz; hierauf die Dauer seiner Regierung. Es schließen sich Sätze über den Sturz des Königs durch einen seiner Militärs an. Aber auch da wird nicht erzählt, sondern in knapper Stilisierung berichtet. In dieser Form könnte das durchaus in der „Chronik der Könige Israels" gestanden haben.

Dann allerdings kommen zwei Sätze (bei uns in Kursiv gesetzt), die eine ganz andere Struktur aufweisen. Sie berichten nicht mehr, sondern sie geben eine theologische Deutung des vorher Berichteten: Daß es dem König und seiner Familie so furchtbar erging, war die Strafe Gottes für den Götzendienst Elas und seines Vaters. Jahwe hatte diese Strafe schon vorher durch den Propheten Jehu angedroht. Damit werden nun die nüchtern aneinandergereihten Nachrichten der Regierungszeit Elas hineingestellt in das religiöse Spannungsfeld von Schuld und Strafe. Profane Geschichte wird auf Gott hin geöffnet und transparent gemacht. Diese theologische Ausleuchtung dürrer historischer Fakten fand sich mit Sicherheit noch nicht in der königlichen Hofchronik. Sie wurde erst von dem Verfasser des Deuteronomistischen Geschichtswerks seiner Quelle hinzugefügt. Im letzten Satz schließlich nennt der Verfasser seine Quelle ausdrücklich und betont, daß in ihr noch mehr über den König Ela zu finden sei: „Die übrige Geschichte Elas und alles, was er getan hat – ist das nicht aufgeschrieben im Buch der Begebenheiten der Tage der Könige von Israel?"

Im Alten Testament gibt es noch eine große Zahl derartiger Texte, in denen Daten und Begebenheiten in knappster Form aneinandergereiht sind und die der Gattung der Chronik zugerechnet werden müssen. Gibt es die Gattung der Chronik auch im Neuen Testament?

Die Antwort ist einfach und zugleich höchst aufschlußreich: Zumindest in den Evangelien gibt es keinen einzigen Text dieser Art. Offensichtlich hatten die neutestamentlichen Gemeinden nicht das geringste Interesse, eine Chronik des Lebens Jesu anzulegen. Der Grund liegt auf der Hand. Wir hatten ja gesehen, daß die Chronik einen ganz bestimmten Sitz im Leben hat: die Schreibschulen und Archive des königlichen Hofes beziehungsweise der zentralen Heiligtümer. Sie setzt also Institutionen voraus, die bereits eine lange Geschichte hinter sich haben und die für die Zukunft noch mit einer langen Geschichte rechnen. Das alles aber war bei den urchristlichen Gemeinden nicht der Fall. Sie besaßen keine amtlichen Archive. Sie hatten keine Heiligtümer, erst recht kein zentrales Heiligtum. Sie hatten auch keine offizielle Vergangenheit. Ihre Vergangenheit war höchstens die Verkündigung und das Heilswirken Jesu. Aber das war ihnen, genau genommen, keine Vergangenheit, sondern lebendige Gegenwart in Wort und Sakrament. Und sie erwarteten auch keine irdische Zukunft, sondern sie lebten aus der Erwartung der nahen Wiederkunft Jesu Christi. Gemeinden, die so leben und glauben, brauchen kein Archiv und keine Chronik. So darf es uns nicht wundern, daß dort, wo sich die urchristlichen Gemeinden mit Jesus Christus beschäftigen, die Gattung der offiziellen Chronik nicht vorkommt.

Wir begegnen im Neuen Testament lediglich einer privaten Chronik. Aber auch diese hat nicht das Leben Jesu zum Inhalt, sondern bestimmte Abschnitte der paulinischen Missionsreisen. Sie findet sich im zweiten Teil der Apostelgeschichte. Ein besonders charakteristischer Abschnitt sei hier zitiert. Er setzt ein mit der Abfahrt des Paulus und seiner Begleiter in Milet. Vorher war ein Treffen mit den Gemeindeältesten aus Ephesus geschildert worden.

„Nachdem wir uns von ihnen losgerissen hatten und abgefahren waren, kamen wir in direkter Fahrt nach Kos, tags darauf nach Rhodos und von dort nach Patara. Hier fanden wir ein Schiff, das nach Phönizien fuhr; wir gingen an Bord und fuhren ab. Wir sichteten Zypern, ließen es zur Linken liegen, segelten nach Syrien und landeten in Tyrus; hier sollte das Schiff seine Ladung löschen. So suchten wir die Jünger auf und blieben sieben Tage lang bei ihnen. Vom Geist getrieben gaben sie Paulus den Rat, nicht nach Jerusalem zu gehen. Als die Tage um waren, brachen wir zur Weiterreise auf, und alle, auch die Frauen und die Kinder, begleiteten uns bis vor die Stadt. Am Strande knieten wir nieder, beteten und nahmen Abschied voneinander. Dann bestiegen wir das Schiff; jene aber kehrten nach Hause zurück. So fuhren wir von Tyrus ab und beendeten in Ptolemais unsere Seefahrt. Wir begrüßten dort die Brüder und blieben einen Tag bei ihnen. Am folgenden Tag kamen wir nach Cäsarea. Wir gingen dort in das Haus des Evangelisten Philippus, der einer von den Sieben war, und blieben bei ihm. Er hatte vier Töchter, prophetisch begabte Jungfrauen. Wir blieben mehrere Tage ..." (Apg 21, 1–10).

Auch dieser Text ist keineswegs eine Erzählung. Es handelt sich vielmehr, genau wie in der Chronik von 1 Kön 16, um eine Aneinanderreihung von Daten und Fakten in knappster Form. Nur ist hier das innere Gliederungsschema nicht der Zeitraum eines Jahres, sondern es liegt ein Tagesschema vor. Der Stil ist der eines nachträglich überarbeiteten Reisetagebuchs, in das von Zeit zu Zeit (nicht täglich) knappe Eintragungen gemacht werden, um wichtige Einzelheiten einer längeren Reise festzuhalten. In einem Tagebuch dieser Art vermerkt man die Stationen und Einzelheiten des Reiseweges; man hält die Zeit fest, die man für eine bestimmte Distanz brauchte; man notiert sich die Länge des Aufenthalts an einem bestimmten Ort; man schreibt sich die Namen seiner Gastgeber auf; man schreibt sich auf, wo man besonders gut oder wo man schlecht aufgenommen wurde; man notiert sich schließlich außergewöhnliche Vorkommnisse, die man nicht vergessen will.

Das meiste davon begegnet auch in unserem Text. Als Reisestationen werden Kos, Rhodos, Patara, Tyrus, Ptolemais und Cäsarea genannt. Auch Einzelheiten des Reisewegs fehlen nicht: man segelte in direkter Fahrt nach Kos, und man ließ Zypern zur Linken liegen. An drei Stellen wird die Reisezeit genauer angegeben: von Milet nach Kos, von Kos nach Rhodos und von Ptolemais nach Cäsarea brauchte man je einen Tag. In Tyrus blieb die Reisegesellschaft sieben Tage, in Ptolemais einen. Für Cäsarea wird der Name der Gastgeber ausdrücklich genannt: es handelte sich um die Familie des Diakons Philippus. Bezüglich Tyrus und Ptolemais wird wenigstens vermerkt, daß man bei Glaubensbrüdern übernachtete. Der herzliche Abschied in Tyrus ist eigens notiert. An besonderen Vorkommnissen ist festgehalten, daß in Tyrus Gemeindemitglieder Paulus dringend davon abrieten, nach Jerusalem zu gehen.

Das sind auf kleinstem Raum eine relativ große Zahl nüchtern aneinandergereihter Fakten – und das eben ist kennzeichnend für die Gattung der Chronik. Wichtig für die Gattungsbestimmung ist auch, daß Fakten genannt werden, die isoliert stehen bleiben, ohne daß sie für einen möglichen Erzählfaden genutzt würden. So wird bei der Erwähnung der Töchter des Philippus gesagt, daß sie die Gabe der Weissagung hatten. In einer Erzählung erwartete man nach einer derartigen Notiz, daß eine der Töchter oder alle vier nun tatsächlich weissagen. Gerade das aber geschieht nicht. In ähnlicher Weise werden Reisestationen genannt, an denen überhaupt nichts geschieht. Eine Erzählung würde den Namen eines Ortes nur dann nennen, wenn er Schauplatz einer wirklichen Handlung wäre. All das zeigt, daß hier nicht *erzählt*, sondern *aufgezählt* wird. Wir haben keine Erzählung, sondern einen Bericht vor uns – und zwar einen Bericht in Form eines Reisetagebuchs.

Wie kam es zu diesem Reisetagebuch, das sich auch noch in anderen Kapiteln der Apostelgeschichte nachweisen läßt? War der Verfasser der Apostelgeschichte ein Zeitgenosse des Paulus? Hat er ihn auf einigen seiner Reisen begleitet, die wichtigsten Begebenheiten aufgezeichnet und einen Teil seiner Aufzeichnungen in die Apostelgeschichte eingebaut? Das war lange Zeit die Meinung der neutestamentlichen Wissenschaft. Inzwischen hat man jedoch erkannt, wie schwierig diese Annahme ist. Wir wissen nämlich – um gleich die Hauptschwierigkeit zu nennen – aus den Paulusbriefen sehr genau, wie die Theologie des Paulus aussah. Das Bild, das die Apostelgeschichte von der paulinischen Theologie zeichnet, weicht davon jedoch so sehr ab, daß dieses Buch schwerlich von einem Paulusbegleiter stammen kann. Es blickt bereits auf Paulus als auf einen großen Missionar der Vergangenheit zurück. Hat die moderne Exegese mit dieser Feststellung recht, dann können die Abschnitte der Apostelgeschichte, die die Form eines Reisetagebuches haben, nicht vom Verfasser des Buches selbst stammen und dabei zugleich das Tagebuch eines wirklichen Paulusbegleiters sein. Man hat deshalb in neuerer Zeit angenommen, der Verfasser der Apostelgeschichte sei im Besitz eines Reisetagebuches gewesen, das einst von einem wirklichen Paulusbegleiter niedergeschrieben worden sei. Er habe es sorgfältig ausgewertet und bestimmte Partien daraus wörtlich übernommen.

Aber auch diese Annahme macht beträchtliche Schwierigkeiten. Man müßte dann nämlich erwarten, daß sich die Form des Reisetagebuches kontinuierlich über größere Partien des zweiten Teils der Apostelgeschichte erstreckte. Das ist jedoch nicht der Fall. Nur kleinere Abschnitte bieten wirklich die strenge Form des Berichts. Vor allem aber finden sich an einigen Stellen bezüglich der Reisen und der Missionsarbeit des Paulus schwerwiegende Informationslücken, die man sich bei einem dem Verfasser vorliegenden kontinuierlichen Tagebuch kaum erklären könnte.

Um diesen Schwierigkeiten auszuweichen, hat man in jüngster Zeit einen dritten Lösungsweg beschritten:[20] Wenn die Apostelgeschichte von einem Christen der nachapostolischen Zeit stammt, der Paulus selbst schon nicht mehr kannte, so ist anzunehmen, daß dieser Mann Nachrichten und Überlieferungen über Paulus gesammelt hat. Wie naheliegend mußte es für ihn zum Beispiel sein, sich von noch lebenden Gefährten des Paulus nachträglich Berichte über die einstigen Missionsreisen zu erbitten, sei es in mündlicher, sei es in schriftlicher Form. Dabei könnte eine Menge an Material zusammengekommen sein – freilich unterschiedlicher Qualität und auch zeitlich sehr unterschiedlich gestreut. Der Verfasser der Apostelgeschichte hätte dann dort, wo ihm besonders viele Einzelnachrichten vorlagen, oder wo ihm sowieso Berichte von Augenzeugen zur Verfügung standen, seinem Material die Form eines Reisetagebuchs gegeben. Auf diese Weise konnten Einzelnachrichten am besten zusammengefügt werden; auf diese

Weise konnte aber auch dem Leser die Augenzeugenschaft von Gewährsleuten angedeutet werden.

Wir brauchen hier nicht zu entscheiden, welche der drei skizzierten Lösungen die richtige oder die wahrscheinlichere ist. Wie immer in der Apostelgeschichte die Form des Reisetagebuchs entstanden ist, kein Historiker kommt daran vorbei, daß die Apostelgeschichte gerade in diesen Partien eine Fülle wertvollster Informationen bietet.

7. Die Verhaftung Jesu

Im vorhergehenden Kapitel waren Gattungen behandelt worden, die aufzählen und berichten: Liste, Chronik, Reisetagebuch. Es war deutlich geworden, daß gerade diese Gattungen für den Historiker von besonderem Wert sind. So drängt sich die Frage auf: Warum berichtet eigentlich die Bibel nicht in einem viel stärkeren Maß in dieser Form? Warum bietet uns zum Beispiel das Neue Testament keine Chronik des Lebens Jesu, keine klare Chronologie seines öffentlichen Auftretens, keine Liste der Orte, in denen Jesus predigte? Und vor allem: Warum bietet das Neue Testament keine exakten Berichte über die Ereignisse selbst? Weshalb hatte es für derartige Dinge so wenig übrig? Wir haben bereits eine vorläufige Antwort kennen gelernt: Die Urkirche hatte kein Interesse an Chronik und Bericht, weil sie überhaupt nicht mehr mit einer langen Zukunft rechnete und deshalb auch an einer Verobjektivierung der Vergangenheit nicht interessiert war. Diese Antwort ist richtig, aber sie genügt nicht. Sie muß im folgenden noch erweitert werden. Und zwar soll das wiederum an einem konkreten Beispiel, nämlich anhand von Mk 14, 43–52 geschehen. Es handelt sich um die Darstellung von Jesu Verhaftung.

„Und sogleich, noch während er (Jesus) redet, erscheint Judas, einer der Zwölf, und bei ihm eine Schar mit Schwertern und Schlagstöcken von den Hohenpriestern, Schriftgelehrten und Ältesten her. Der Verräter hatte mit ihnen ein

Zeichen verabredet: Den ich küssen werde, der ist es. Nehmt ihn fest und führt ihn sicher ab! Und sofort kommt er, geht auf ihn zu und sagt: Rabbi! Und er küßt ihn. Da legten sie Hand an ihn und nahmen ihn fest. Einer der Umstehenden zog sein Schwert, schlug auf den Knecht des Hohenpriesters ein und hieb ihm ein Ohr ab. Jesus aber sprach zu ihnen: Wie gegen einen Räuber seid ihr ausgezogen mit Schwertern und Schlagstöcken, mich zu ergreifen. Täglich war ich bei euch im Tempel und lehrte, und ihr habt mich nicht festgenommen. Aber die Schriften müssen erfüllt werden. Da ließen ihn alle im Stich und flohen. Ein junger Mann war ihm gefolgt, der trug ein Leinengewand auf dem bloßen Leib. Wie sie ihn festnehmen, läßt er sein Gewand und entflieht nackt" (Mk 14, 43–52).

Wie ist die Form dieses Textes zu beurteilen? Zunächst fällt auf, daß hier Elemente begegnen, die sehr gut einem Bericht, das heißt zu einer Aneinanderreihung bloßer Fakten, passen würden. Zählt man diese berichtenden Elemente der Reihe nach auf, so ergibt sich folgendes Bild:

1. Judas erscheint plötzlich und mit ihm eine bewaffnete Schar.
2. Judas geht auf Jesus zu, begrüßt ihn mit der Anrede „Rabbi" und küßt ihn.
3. Die Schar, die mit Judas gekommen ist, nimmt Jesus fest.
4. Einer der Umstehenden zieht sein Schwert und schlägt einem Gegner ein Ohr ab.
5. Die Jünger Jesu fliehen.
6. Ein junger Mann flieht nackt, als er bei seinem Gewand gepackt wird.

Das alles sind nüchtern formulierte Fakten, die ohne weiteres einen Bericht konstituieren könnten. Ein solcher Bericht würde sogar widerspiegeln, was für jedes wirklich historische Ereignis charakteristisch ist: die Uneinheitlichkeit und Gebrochenheit des Geschehens. In der Realität gehen die Dinge eben niemals glatt auf: da gibt es immer Zufälligkeiten, da läuft plötzlich etwas quer; da geschehen Dinge, die nur das wirkliche Leben erfinden kann. Man beachte unter dieser Rücksicht noch einmal die Elemente 4–6 der oben stehenden Liste, die sich in der Wirklichkeit ja wohl gleichzeitig abgespielt haben: die Bekannten und Freunde Jesu fliehen; nur einer denkt an Gegenwehr und zieht sein Schwert; ein junger Mann flieht nackt. Das alles spiegelt die Verwirrung, die für solche Situationen typisch ist. Kennzeichnend ist auch, daß nicht einmal klar wird, ob der Mann, der sein Schwert zog, einer der Jünger war, geschweige denn, daß sein Name genannt wird. Es war eben dunkel, und niemand wußte nachher noch genau, wie sich das Ganze abgespielt hatte.

In die Uneinheitlichkeit des Geschehens paßt vor allem aber auch die Episode mit dem jungen Mann, der nackt flieht. Trotz des Ernstes der ganzen Situation hat diese Szene etwas Lächerliches. Die übrigen Evangelisten werden sie wohl gerade deshalb weggelassen haben. Was hatte eine derartige Episode mit Heilsgeschichte zu tun? Und doch machen gerade solche Dinge die wirkliche Geschichte aus. Das Leben ist immer eine Mischung von Sinnvollem und Absurdem, von Ernstem und Lächerlichem, von Wichtigem und Belanglosem. Aufs ganze gesehen ist die Sache mit dem jungen Mann so unwichtig wie das Faktum, daß das Schiff des Paulus rechts an Zypern vorbeifuhr. Aber genau so sehen die Dinge aus, wenn man präzise und exakt berichtet. Die Fakten, die unserem Text zugrunde liegen, wären also aufs beste geeignet gewesen, die Verhaftung Jesu sprachlich in Form eines Berichtes wiederzugeben.

Es ist in diesem Zusammenhang auch zu beachten, wie wenig der Text des Markus im Sinne der christlichen Legende erweitert ist. Solche Erweiterungen setzen dann nämlich schon bald ein, noch innerhalb der Evangelientradition. Schon bald will man wissen: Wer war der Mann, der das Schwert zog? Antwort: Es war einer der Apostel, und zwar Petrus (Joh 18, 10). Man will wissen: Wie hieß der Knecht des Hohenpriesters, dem das Ohr abgehauen wurde? Antwort: Sein Name war Malchus (Joh 18, 10). Und man will wissen: Welches Ohr hat Petrus dem armen Mann abgeschlagen? Antwort: das rechte (Lk 22, 50). Und war es denn möglich, daß Jesus den Mann mit dieser Verwunderung auf dem Schauplatz zurückließ? Antwort: Nein, unmöglich! Jesus hat das Ohr wieder angeheilt (Lk 22, 51). Und man will schließlich wissen: Was hat denn Jesus eigentlich gesagt, als er von Judas durch einen Kuß verraten wurde? Er kann doch nicht einfach geschwiegen haben. Antwort: „Er sprach: Judas, mit einem Kuß verrätst du den Menschensohn" (Lk 22, 48). All das sind spätere Erweiterungen, die man leicht erfinden konnte. Sie finden sich noch nicht bei Markus, sind also auf jeden Fall jünger. Man kann an ihnen ablesen, wie streng und sachlich Markus die Dinge wiedergibt und um wieviel näher er den wirklichen Ereignissen noch steht. Es waren also in diesem Fall an sich alle Voraussetzungen gegeben, daß aus dem vorgegebenen Material ein echter Bericht hätte werden können – mit einer wirklichen Aneinanderreihung von Daten und Fakten.

Tatsächlich ist dies jedoch nicht geschehen. Die Verhaftung Jesu ist auch bei Markus kein Bericht, so wenig wie bei den übrigen Evangelisten. Es handelt sich vielmehr um eine Erzählung – um eine Erzählung, die versucht, das Geschehen in seiner Tiefe zu erfassen, seinen Hintergrund zu beleuchten und es im Lichte des Glaubens zu begreifen.

Schon der Satz „der Verräter hatte mit ihnen ein Zeichen verabredet" verläßt ja den Standpunkt eines Augenzeugen und versucht, die Machenschaften anzudeuten, die sich zuvor im Hintergrund abgespielt hatten. Außerdem liegt in dem Wort „der Verräter" bereits eine klare Wertung. Deutung und Wertung liegen aber auch in der Formulierung: „Judas, einer der Zwölf". Der Leser hat dabei ja all das in Erinnerung, was vorher im Evangelium über die Zwölf gesagt worden war – die Gemeinschaft, die Jesus ihnen geschenkt hatte, die Verheißung, die er ihnen gegeben hatte.

Jetzt verrät ihn also einer dieser Zwölf. Die Einsamkeit Jesu klingt damit an. Selbst seine Freunde haben ihn nicht verstanden.

Sodann ist darauf zu achten, wie sorgfältig im zweiten Teil der Erzählung die Aussagen komponiert sind: Einer der Umstehenden greift zur Waffe. Diesem hilflosen und völlig sinnlosen Tun korrespondiert dann das ruhige und sichere Wort Jesu an seine Gegner. Das Wort Jesu aber wird für seine Jünger das Stichwort zur Flucht. Bis zu diesem Augenblick hatten sie sozusagen noch gezögert. Nun erst heißt es: „Da ließen ihn alle im Stich und flohen". Im Anschluß daran wird schließlich eine einzelne Episode geschildert, mit der die allgemeine Flucht beleuchtet und konkretisiert werden soll. So ist am Ende unseres Erzählabschnitts die ganze Verlassenheit Jesu deutlich gemacht, die schon vorher anklang: Jesus muß allein seinen Weg gehen. Es ist ja wohl klar, wie sorgfältig mit all dem das dürre und beziehungslose *Nebeneinander* der Fakten zu dem *Hintereinander* eines qualifizierten Erzählablaufs geordnet ist.

Aber auch innerhalb des gesamten Abschnitts ist Komposition erkennbar: Dem Verrat des Judas im ersten Teil der Erzählung korrespondiert am Ende die hilflose Flucht der Jünger. Im Mittelpunkt aber steht das ruhige und feste Wort Jesu. An diesem Jesuswort ist wohl am deutlichsten abzulesen, daß unser Text mehr ist als ein Bericht. Daß der historische Jesus bei seiner Verhaftung so nicht gesprochen haben kann, liegt auf der Hand. Man läßt einen, der ohne Aufsehen verhaftet werden soll, im Augenblick seiner Festnahme keine Rede halten. Vor allem aber wendet sich Jesus an die falsche Adresse. Was er sagt, gilt ja nur den Verantwortlichen, den Führern des Volkes, nicht den Polizisten, die ihn auftragsgemäß festnehmen. Lukas hat das gespürt und deshalb die Erzählung so arrangiert, daß nun auch „Hohepriester, Tempeloberste und Älteste" anwesend sind (vergleiche Lk 22, 52 gegen Mk 14, 48!). Aber die Schwierigkeit der falschen Adresse fällt sowieso dahin, wenn man sich klarmacht, daß der betreffende Satz gar nicht die Aufgabe hat, ein Wort des historischen Jesus exakt wiederzugeben, sondern das Geschehen der Verhaftung für den Leser zu deuten. In diesem Fall ist es durchaus sinnvoll, daß sich Jesus an die Adresse derer wendet, die seinen Tod betreiben, und daß er sogar von der Erfüllung der Schrift redet. Das Jesuswort soll dem Leser deutlich machen, wie ungerecht und heimtückisch das Vorgehen der Gegner Jesu gewesen war, andererseits aber auch, daß sich in der Passion nicht etwas völlig Sinnloses und Unbegreifliches abgespielt hatte, sondern daß sich damals die Schrift erfüllte, das heißt aber, daß Heilsgeschichte geschah.

So ist unser Text auf keinen Fall ein Bericht. Es handelt sich vielmehr um eine die damaligen Vorgänge deutende *Geschichtserzählung*, die Einzelfakten in eine sinnvolle Anordnung bringt und sie eben damit deutet, die sich aber auch nicht scheut, Jesus ein Wort in den Mund zu legen, das den historischen Vorgang beleuchtet und interpretiert.

Dieses Ineinander von Fakten und gleichzeitiger Deutung dieser Fakten ist charakteristisch für die gesamte Leidensgeschichte, ja nicht nur für die Leidensgeschichte, sondern für die meisten erzählenden Texte der Evangelien. Dabei ist selbstverständlich die Mischung von bloßer Nachricht und Deutung verschieden. Manchmal überwiegt das eine, manchmal das andere. Aber niemals findet sich in den Evangelien ein reiner Bericht, der die Dinge nur in ihrem äußeren Ablauf wiedergibt und auf jede Deutung verzichtet. Warum ist das so? Wir kehren damit zu der Frage zurück, die wir uns bereits zu Beginn dieses Kapitels gestellt hatten.

Warum bieten uns die Evangelien keinen Bericht über bestimmte Abschnitte des Lebens Jesu, zum Beispiel über seine Passion? Man sollte einmal konsequent die Gegenfrage stellen: Was wäre eigentlich erreicht gewesen, wenn die Urkirche über den Ablauf der Passion in der richtigen Reihenfolge, mit vielen Details und ohne irgendeine deutende Zutat in Form einer Chronik berichtet hätte? Wüßten wir dann, was damals wirklich geschah? Ich bezweifle es.

Erlauben wir einmal unserer Phantasie die Vorstellung, die Passionserzählungen der Evangelien wären nie geschrieben worden. Statt dessen hätte man den Ablauf der letzten Stunden Jesu mit einer versteckten Kamera gefilmt und alle Worte, die damals gesprochen wurden, mit einem verborgenen Mikrophon aufgenommen. Ton und Bild würden zu einem Film vereint und dieser Film würde uns heute, ungeschnitten und ohne Kommentar, vorgeführt. Was wüßten wir dann?

Nun, wir wüßten dann auf jeden Fall eine Unmenge von Einzelheiten, die in den Evangelien nicht zu finden sind. Wir wüßten bis ins Detail, wie sich die Verhaftung Jesu abspielte. Wir wüßten endlich einmal genau, was vor dem Hohen Rat geschah. Wir wüßten, wie die Kreuzigung im einzelnen vor sich ging und was sich dabei, äußerlich gesehen, ereignete. Das alles wäre sehr wichtig, erregend und erschütternd. Aber wüßten wir bei all dem, was damals tatsächlich in Jerusalem und auf Golgota geschah? Ich behaupte mit Nachdruck: Von dem eigentlichen Geschehen wüßten wir nichts.

Wir würden dann nämlich sehen, wie ein Jude von römischen Soldaten am Kreuz hingerichtet wird. Das wäre bestimmt erschütternd. Und doch – genau dasselbe hat die römische Besatzungsmacht damals mit Tausenden von Juden getan. Der Tod Jesu am Kreuz würde für uns also noch sehr wenig besagen, wenn wir nicht erführen, warum man Jesus den Prozeß machte und warum man ihn hinrichtete. Aber würde uns das aus der Verhandlung wirklich deutlich werden? Würde uns die exakte Kenntnis des äußeren Ablaufs der Verhandlung enthüllen, warum man Jesus letzten Endes beseitigt hat? Wohl kaum!

Um hierüber wirklich etwas zu erfahren, müßten wir das vorangegangene Leben Jesu kennen, sein Tun, seine Predigt, seinen Anspruch. Schon hier würde also unser Dokumentarfilm über die Passion versagen. Wir brauchten bereits einen Dokumentarfilm über die gesamte Zeit des öffentlichen Wirkens Jesu. Aber wäre uns damit dann wirklich geholfen? Könnten wir denn den Anspruch Jesu auch nur von ferne erfassen, ohne das Alte Testament zu kennen? Ist Jesus zu begreifen ohne das Gesetz und die Propheten, ohne die Erfahrungen und die Hoffnungen Israels? Ist Jesus überhaupt zu verstehen, wenn man sein Leben nicht unter der Rücksicht betrachtet, daß hier die Geschichte zwischen Gott und Israel in ihre letzte, entscheidende Phase getreten ist? Wie aber sollten diese Dimensionen des Geschehens durch eine reine Dokumentation, durch ein bloßes Berichten des äußeren Ablaufs, deutlich werden? Hier versagt der reine Bericht, hier versagt die Fakten aufreihende Chronik. Die Tiefendimension der Geschichte, ihr Geheimnis und ihr innerer Sinn, kann nur durch Auslegung und Deutung sichtbar gemacht werden.

Damit sind wir nun bei dem tiefen Grund, warum der Urkirche die Gattung des Berichts und der Chronik nicht genügen konnte. Es ging ihr ja um den heilsgeschichtlichen Sinn des Geschehens auf Golgota und um die Deutung des Lebens Jesu aus dem Glauben. Hierfür kamen nur Gattungen in Betracht, in die Deutung und Auslegung aus dem Glauben unmittelbar einfließen konnten. Genau das aber war bei der *Geschichtserzählung* der Fall. Sie erlaubt es – im Gegensatz zum reinen Bericht –, Deutung und Auslegung miteinzubauen. Sie erlaubt es, mit Hilfe einzelner Erzählelemente und mit Hilfe der Gesamtkomposition, Geschichte zu deuten und aus der Erfahrung des Glaubens zu betrachten. Sie geht aus von wirklichen Geschehnissen, begnügt sich aber nicht damit, ihren äußeren Ablauf wiederzugeben. Sie läßt die Verbindung zum Historisch-Faktischen niemals abreißen, aber sie leistet viel mehr, als nur historische Fakten aufzuzählen.

Es wurde bereits gesagt, daß diesem Ineinander von Faktenmitteilung und gleichzeitiger Deutung der Fakten, welches die Geschichtserzählung konstituiert, die Gewichte verschieden verteilt sein können. Manchmal überwiegt die Aufzählung von Fakten; die Fakten können aber auch zugunsten der Deutung stark vernachlässigt werden. Gerade das Letztere ist im Neuen Testament häufig der Fall. Es kann geschehen, daß sich eine neutestamentliche Erzählung so intensiv mit dem inneren Sinn des Auftretens Jesu und dem Geheimnis seiner Person beschäftigt, daß sie sich von dem äußeren historischen Ablauf weit entfernt. Wir wollen uns im folgenden einer typischen Erzählung dieser Art zuwenden, der Ankündigung der Geburt Jesu in Lk 1, 26–38.

8. Die Ankündigung der Geburt Jesu

„Im sechsten Monat wurde der Engel Gabriel von Gott in eine galiläische Stadt namens Nazaret gesandt, zu einer Jungfrau, die verlobt war mit einem Mann namens Josef aus dem Hause Davids; der Name der Jungfrau war Maria. Der Engel trat bei ihr ein und sprach: Sei gegrüßt, du Begnadete, der Herr ist mit dir! Sie erschrak über die Anrede und überlegte, was dieser Gruß wohl bedeute. Der Engel aber sprach zu ihr: Fürchte dich nicht, Maria. Du hast ja Gnade gefunden bei Gott. Siehe, du wirst schwanger werden und einen Sohn gebären. Du sollst ihm den Namen Jesus geben. Dieser wird groß sein und Sohn des Höchsten genannt werden. Gott, der Herr, wird ihm den Thron seines Vaters David geben, er wird herrschen über das Haus Jakob in Ewigkeit, und seine Herrschaft wird kein Ende haben. Da sprach Maria zu dem Engel: Wie soll das geschehen, wo ich doch mit keinem Mann zusammenwohne? Der Engel antwortete ihr: Heiliger Geist wird über dich kommen, und Kraft des Höchsten dich überschatten. Deshalb wird das Kind auch heilig und Sohn Gottes genannt werden. Siehe deine Verwandte Elisabet: sie hat noch in ihrem Alter einen Sohn empfangen; sie ist jetzt schon im sechsten Monat und galt doch als unfruchtbar. Bei Gott ist ja kein Ding unmöglich. Da antwortete Maria: Siehe, ich bin die Magd des Herrn; mit mir geschehe, was du gesagt hast! Dann verließ sie der Engel!" (Lk 1, 26−38).

Bei einem Vergleich dieser Erzählung mit der Gefangennahme Jesu in Mk 14 erkennt man sofort, daß hier gerade das fehlt, was uns dort aufgefallen war: die Gebrochenheit und Uneinheitlichkeit des Geschehens; das Zufällige, Unbedeutende und im Grunde Belanglose, wie es sich vor allem in der Episode mit dem jungen Mann gezeigt hatte, der nackt fliehen mußte.

Hier in diesem Text gibt es nichts Zufälliges oder Belangloses. Hier hat alles seinen tiefen Sinn, hier steht alles in einem inneren Zusammenhang. Nichts stört die Einheit und Geschlossenheit des Geschehens, alles entfaltet sich in wunderbarer Klarheit. Fragt man sich, woher diese Klarheit und Durchsichtigkeit des Ganzen eigentlich kommt, so entdeckt man sehr bald, daß die einzelnen Bauelemente der Erzählung fast nichts Geschichtlich-Konkretes an sich haben.

Schon die ersten Worte unserer Erzählung sind in dieser Hinsicht äußerst aufschlußreich. Zunächst scheint die Zeitangabe „im sechsten Monat" sehr konkret, ja unerfindbar zu sein. In Wirklichkeit aber ist sie eine sinnvolle und einleuchtende erzählerische Verknüpfung. Sie verbindet die Ankündigung Jesu mit der Ankündigung des Johannes. Am Ende der Erzählung heißt es ja ausdrücklich, Elisabet sei nun schon im sechsten Monat ihrer Schwangerschaft. Der „sechste Monat" zu Beginn unserer Erzählung meint also die Zeit seit dem Erscheinen Gabriels vor Zacharias. Warum gerade der sechste Monat für das Kommen Gabriels zu Maria gewählt ist, liegt auf der Hand: Die Schwangerschaft Elisabets soll ja für Maria zum beglaubigenden Zeichen werden. Vor dem sechsten Monat aber tritt eine Schwangerschaft nach außen hin noch nicht in Erscheinung. Und da sich Maria im Fortgang der Erzählung eilends aufmacht, um Elisabet zu besuchen, durfte die Ankündigung Jesu keinesfalls vor dem sechsten Schwangerschaftsmonat Elisabets erfolgen. Die Zeitbestimmung zu Beginn unseres Textes hat also gar nicht die Aufgabe, ein konkretes, historisches Datum festzulegen, sondern sie soll die Vorgeschichte Jesu mit der Vorgeschichte des Johannes verknüpfen.

Das Konstruktive der Erzählung wird aber noch deutlicher, wenn man weiß, daß die Bauelemente des Gesprächs zwischen Gabriel und Maria größtenteils aus dem Alten Testament stammen. Sie standen bereits als feste Formel zur Verfügung:

„Der Herr ist mit dir!" begegnet Ri 6, 12 – gesprochen von dem Engel des Herrn, als er vor Gideon erscheint. „Fürchte dich nicht!" ist im Alten Testament stereotype Anrede, wenn himmlische Wesen vor Menschen erscheinen, man vergleiche Gen 15, 1; Jos 8, 1; Ri 6, 23; Dan 10, 12 und Tob 12, 17. „Bei Gott ist kein Ding unmöglich" findet sich wörtlich in Gen 18, 14 – und zwar bezeichnenderweise bei der Ankündigung der Geburt Isaaks. Schließlich sind die Sätze: „Dieser wird groß sein und Sohn des Höchsten genannt werden. Gott, der Herr, wird ihm den Thron seines Vaters David geben, er wird herrschen über das Haus Jakob in Ewigkeit, und seine Herrschaft wird kein Ende haben", eine deutliche Anspielung auf die berühmte Natanverheißung, in der Gott David einen Nachfolger auf seinen Thron und zugleich ewige Herrschaft für sein Haus ankündigt (2 Sam 7, 12–16).

Aber damit nicht genug! Nicht nur einzelne Formeln des Gesprächs stammen aus dem Alten Testament oder nehmen auf das Alte Testament Bezug. Das Konstruktive unserer Erzählung wird erst dann richtig deutlich, wenn man den Aufbau des Gesprächs im ganzen untersucht. Es muß ja auffallen, daß sich die Ankündigung des Johannes in Lk 1, 5–20 und die Ankündigung Jesu in unseren Text nach genau dem gleichen Schema vollzieht:

① Ein himmlisches Wesen erscheint
② Die Geburt eines Sohnes wird angekündigt
③ Sein Name wird festgelegt
④ Seine Zukunft wird offenbart

Woher stammt dieses Schema, dessen Bestandteile und dessen Aufbau doch keineswegs selbstverständlich sind? Die Antwort ist einfach und der biblischen Forschung seit langem bekannt: Das Schema stammt aus dem Alten Testament. Es findet sich dort in zahlreichen Texten, in denen die Geburt eines Kindes vorausgesagt und verkündet wird. Man nennt es deshalb einfach „Verkündigungsschema". Zwei Beispiele sollen deutlich machen, daß hier tatsächlich ein festes Schema vorliegt.

1. In Gen 16, 7–12 erscheint der Engel Gottes vor Hagar, der Magd Saras, und kündigt ihr die Geburt eines Sohnes an: „Siehe, du bist schwanger und wirst einen Sohn gebären. Du sollst ihm den Namen Ismael geben, denn Jahwe hat auf dich in deiner Bedrängnis gehört. Dieser wird unbändig sein wie ein Wildesel. Seine Hand wird sich gegen alle kehren, und die Hand aller gegen ihn, und allen seinen Brüdern wird er sich vor die Nase setzen."

2. In Gen 17, 15–19 erscheint Gott vor Abraham und kündigt ihm, zunächst in allgemeiner Form, die Geburt eines Sohnes aus Sara an. Abraham fällt auf sein Angesicht und lacht. Er denkt bei sich: „Können denn einem Hundertjährigen noch Kinder geboren werden, und kann Sara als Neunzigjährige noch gebären?" Da macht ihm Gott die feierliche Zusage: „Sara, deine Frau, wird dir einen Sohn gebären. Du sollst ihm den Namen Isaak geben. Ich werde meinen Bund mit ihm errichten als einen ewigen Bund für seine Nachkommen."

Die vier Bestandteile des Verkündigungsschemas sind jedesmal deutlich zu erkennen: Gott oder der Engel Gottes erscheint, die Geburt eines Sohnes wird angekündigt, sein Name wird festgelegt, seine Zukunft oder ein wichtiger Aspekt seiner Zukunft wird offenbart. Die Ankündigung des Johannes (Lk 1, 13–17) und die Ankündigung Jesu (Lk 1, 31–33) folgen diesem Schema aufs genaueste. Die neutestamentlichen Erzähler müssen also entsprechende alttestamentliche Texte gekannt und ihren Aufbau sorgfältig nachgeahmt haben. Wiederum ein Zeichen für das Schematische und Konstruktive unserer Erzählung! – Nun ist mit dem Verkündigungsschema allerdings erst die Hälfte der Erzählung strukturell erklärt. Anschließend meldet Maria ja noch ihr Bedenken an, der Engel beseitigt dieses Bedenken und gewährt Maria schließlich ein Zeichen, an dem sie erkennen kann, daß Gott seine Zusage erfüllt. Läßt sich auch für diesen zweiten Teil der Erzählung ein bereits vorgeprägtes alttestamentliches Schema nachweisen?

Das ist tatsächlich der Fall. Die Gewährung eines Zeichens durch Gott ist fester Bestandteil alttestamentlicher Berufungserzählungen.

Solche Berufungserzählungen sind oft nach folgendem Schema aufgebaut:

① Gott spricht eine Berufung aus
② Der Berufene äußert ein Bedenken
③ Gott beseitigt dieses Bedenken durch eine Erklärung
④ Gott gewährt zur Bekräftigung der Erklärung ein Zeichen

Auch dieses alttestamentliche Schema, das wir „Berufungsschema" nennen wollen, sei durch zwei charakteristische Texte veranschaulicht:

1. In Ex 3, 10–12 wird die Sendung des Mose zum Pharao folgendermaßen erzählt: Gott spricht zu Mose: „So gehe hin! Ich sende dich zum Pharao. Führe mein Volk, die Israeliten, aus Ägypten heraus! Mose antwortete ihm: Wer bin ich, daß ich zum Pharao gehen und die Israeliten aus Ägypten herausführen könnte? Da sprach Gott: Ich selbst bin mit dir! Und dies soll dir zum Zeichen sein, daß ich dich gesandt habe: Wenn du das Volk aus Ägypten herausgeführt hast, werdet ihr Gott an diesem Berge verehren."

2. In Jer 1, 4—10 schildert der Prophet seine Berufung durch Gott. Obwohl wir hier einen prophetischen Bericht in der Ich-Form vor uns haben, der sich in vielem von der Erzählung in Ex 3, 10—12 unterscheidet, liegt doch das gleiche Schema zugrunde. Nur daß sich hier das Zeichen nicht erst in der Zukunft erfüllt, sondern von Gott unmittelbar gewirkt wird: „Jahwes Wort erging an mich: Noch ehe ich dich im Mutterleib formte, habe ich dich erwählt, noch ehe du aus dem Mutterschoß hervorkamst, habe ich dich geheiligt, zum Propheten für die Völker habe ich dich bestimmt. Da sagte ich: Ach, Herr, Jahwe, ich kann doch nicht reden, ich bin noch zu jung! Aber Jahwe erwiderte mir: Sag nicht: Ich bin noch zu jung! Geh nur, wohin ich dich sende, und rede nur, was ich dir auftrage! Fürchte dich nicht vor ihnen, denn ich selbst bin mit dir und werde dich retten! Wort Jahwes! Dann streckte Jahwe seine Hand aus, berührte meinen Mund und sprach zu mir: Hiermit lege ich meine Worte in deinen Mund!"

Es liegt auf der Hand, daß in beiden alttestamentlichen Texten ein festes Schema vorliegt, und daß der zweite Teil von Lk 1, 26—38 exakt nach diesem Schema gebaut ist. Eine förmliche *Sendung* Marias liegt zwar nicht vor, denn die Verkündigungserzählung ist ja keine Berufungsgeschichte. Den Platz der Sendung nimmt die Ankündigung der Geburt, des Namens und der Zukunft des Kindes ein. Dann allerdings schließt sich klar und markant das zweite Bauelement des Berufungsschemas an: Maria äußert, gleich Mose und Jeremia, ein Bedenken. Dieses Bedenken wird dann, wie es das Schema verlangt, durch eine Erklärung Gabriels ausgeräumt. Und hierauf folgt das vierte Bauelement des Berufungsschemas, das beglaubigende Zeichen: Maria wird an der Schwangerschaft der hochbetagten Elisabet erkennen, daß Gott seine Zusage erfüllt.

Damit ist klar: Nahezu die gesamte Erzählung Lk 1, 26—38 ist mit Hilfe des Alten Testaments komponiert. Nicht nur, daß von dort feste Formeln übernommen sind;

die Erzählung folgt sogar einem vorgegebenen alttestamentlichen Schema, oder besser: sie folgt zwei alttestamentlichen Schemata, die miteinander kombiniert sind:

① Erscheinen eines himmlischen Wesens
② Ankündigung der Geburt eines Sohnes } Verkündigungsschema
③ Festlegung seines Namens
④ Offenbarung seiner Zukunft } Berufungsschema

⑤ Bedenken des Menschen
⑥ Erklärung, die das Bedenken ausräumt
⑦ Beglaubigendes Zeichen

Erst nachdem in dieser Weise die innere Struktur der Verkündigungserzählung aufgedeckt ist, läßt sich sagen, warum sie so einheitlich, so klar gefügt und so durchsichtig ist: Sie versucht nicht, die Wirklichkeit mit ihren Widersprüchen und Zufälligkeiten nachzuerzählen, sondern sie erzählt aufgrund fester Aufbaugesetze und geprägter Formelemente, die aus dem Alten Testament stammen.

Wir sind hier also von der Gattung des Berichts oder der Chronik noch bedeutend weiter entfernt als in der Erzählung von der Verhaftung Jesu. Und der Schluß ist zwingend, daß es dem Erzähler hier noch viel weniger als dort um die Mitteilung bloßer Fakten geht, sondern fast ausschließlich um Deutung und Interpretation. Aber was soll gedeutet werden? Worum geht es überhaupt in unserer Erzählung? Was ist ihre eigentliche Aussageabsicht?

Es gibt auf diese Fragen keine wirkliche Antwort, solange man nicht die Struktur des Textes ganz ernst nimmt. Wir hatten gesehen, daß unserem Text zwei geprägte alttestamentliche Schemata zugrundeliegen: das Verkündigungsschema und das Berufungsschema. Die oben gestellten Fragen sind somit zu präzisieren: Worum geht es in diesen beiden Schemata? Was ist ihre eigentliche Aussageabsicht? Wo liegt ihr Sinnzentrum?

Beim Verkündigungsschema ist die Antwort nicht schwer. Daß erzählt wird, ein Mensch sei bereits vor seiner Geburt durch eine himmlische Erscheinung angekündigt worden, kann nur den Sinn haben, das Wesen und die heilsgeschichtliche Bedeutung dieses Menschen herauszustellen. Das Sinnzentrum des Verkündigungsschemas muß also in seinem letzten Glied liegen, das die Zukunft des Kindes enthüllt.

Beim Berufungsschema hingegen ist es genau umgekehrt: Dort kann weder die Ankündigung des Zeichens, noch die Erklärung Gottes, die das Bedenken des Menschen ausräumt, den Höhepunkt bilden; beide Elemente stehen ja nicht in sich selbst, sondern sind nur dazu da, die Berufung durch Gott, die im ersten Glied des Schemas erfolgt, zu unterstreichen und zu verdeutlichen.

Das Sinnzentrum unserer Erzählung kann also weder in dem Bedenken liegen, das Maria äußert (V. 34), noch in der Erklärung des Engels, die dieses Bedenken ausräumt (V. 35), noch in dem beglaubigenden Zeichen, das Maria angekündigt wird (VV. 36–37). Da beim Berufungsschema der Höhepunkt gleich im ersten Glied zu suchen ist, muß er hier in der Botschaft des Engels liegen – noch vor dem Bedenken, das Maria äußert. Dort wiederum kann gemäß der Struktur des Verkündigungsschemas weder die Ankündigung der Geburt Jesu, noch die Festlegung seines Namens, sondern nur die Offenbarung seiner Zukunft das Sinnzentrum bilden.

So zeigt die Strukturanalyse ganz eindeutig, daß der Höhepunkt und das Sinnzentrum unserer Erzählung in dem Satz liegt: „Dieser wird groß sein und Sohn des Höchsten genannt werden. Gott, der Herr, wird ihm den Thron seines Vaters David geben, er wird herrschen über das Haus Jakob in Ewigkeit, und seine Herrschaft wird kein Ende haben" (VV. 32–33).

Das ist natürlich ein äußerst wichtiges, ja entscheidendes Ergebnis. Aber bevor wir es im einzelnen auswerten, wollen wir uns noch einmal unsere Fragestellung vergegenwärtigen. Wir hatten aus dem konstruktiven und schematischen Charakter der Verkündigungserzählung geschlossen, daß es ihr nicht in erster Linie darum geht, Fakten mitzuteilen, sondern eine Deutung zu geben. Wir hatten daraufhin gefragt: Was soll in dieser Erzählung eigentlich gedeutet werden? Nachdem wir jetzt mit Hilfe der Formkritik erkannt haben, welcher Satz im Mittelpunkt steht, kann die Antwort nur lauten: Die Person Jesu, ihr Wesen und ihr Geheimnis, soll gedeutet werden. Wir haben eine christologische Erzählung vor uns. Sie will sagen: Das Kind, das Maria empfangen wird, wird Sohn des Höchsten genannt werden – das heißt, man wird von ihm bekennen, daß es der *Sohn Gottes* ist. Ferner: Gott wird ihm den Thron seines Vaters David geben – das heißt, Jesus wird als *Messias* eingesetzt werden, und zwar, wie der Text präzisiert, zu einer ewigen Herrschaft. Ja, wenn wir bedenken, daß das Verkündigungsschema erzählerisch schon vor der Geburt ansetzt, um das Wesen eines Menschen zu enthüllen, so müssen wir als die eigentliche Aussage unserer Erzählung sogar formulieren; Jesus *ist* der Sohn Gottes, er *ist* der Messias, er *ist* in seine ewige Herrschaft eingesetzt, in ihm haben sich die messianischen Verheißungen des Alten Testaments erfüllt.

Das alles sind aber Bekenntnisaussagen der nachösterlichen Gemeinde über Jesus. Im Neuen Testament finden sich zahlreiche Texte, die zeigen, daß „Sohn Gottes" und „Messias" zentrale Bekenntnisaussagen der Urkirche sind, in denen diese das Geheimnis des gekreuzigten und auferstandenen Jesus zu begreifen suchte. Wir dürfen also sagen, daß im Sinnzentrum unserer Erzählung ein nachösterliches Glaubensbekenntnis über Jesus steht, allerdings nicht als isoliertes Bekenntnis, sondern vorgetragen und formuliert als Erzählung.

Nun spielt in Lk 1, 26–38 allerdings auch die *geistgewirkte Empfängnis* Jesu eine wichtige Rolle. Welchen Stellenwert und welche Funktion hat die Aussage, daß Jesus ohne Zutun eines Mannes empfangen wurde, im Text?

Zunächst einmal ist klar, daß diese Aussage besonders betont werden soll. Maria äußert ja ein Bedenken, das dann durch die Erklärung Gabriels beseitigt wird. Damit ist erzähltechnisch zweifellos ein starker Akzent gesetzt. Andererseits liegt aber auch auf der Hand, daß die Erklärung Gabriels in Vers 35 nicht gleichwertig neben der Offenbarung Jesu als Messias und Sohn des Höchsten in Vers 32 steht. Denn die Erklärung in Vers 35 soll ja die Offenbarung von Vers 32 nur unterstreichen und verdeutlichen: Jesus ist der Sohn Gottes, weil er sein menschliches Dasein der schöpferischen Tat Gottes im Schoß einer Jungfrau verdankt. Schon allein Form und Struktur unserer Erzählung beweisen also, daß die Aussage von der geistgewirkten Empfängnis Jesu nicht einfach gleichwertig neben der Aussage, Jesus sei der Sohn Gottes, steht. In dieselbe Richtung weist aber auch noch eine ganz andere Beobachtung:

Das Bekenntnis, Jesus sei der verheißene Messias und der Sohn Gottes, findet sich in allen Schichten des Neuen Testaments, vom ältesten Paulusbrief bis zum Johannesevangelium. Es ist uraltes Glaubensgut der Kirche, das in allen Gemeinden lebendig war und das im Neuen Testament in vielerlei Variationen immer wieder auftaucht. Hingegen findet sich die Aussage von der geistgewirkten Empfängnis Jesu nur in unserem Text und in Mt 1, 18–25. Sie fehlt im gesamten übrigen Neuen Testament, und sie ist in den beiden Texten, in denen sie auftaucht, auch noch keine echte Bekenntnisaussage; sie tritt ja nicht für sich auf, sondern sie hat beidemale die Funktion, die Gottessohnschaft Jesu zu unterstreichen und zu verdeutlichen.

Wir dürfen also wirklich sagen: Unsere Erzählung ist eine christologische Erzählung. In ihrem Zentrum stehen nachösterliche Bekenntnisaussagen: Jesus ist der Sohn Gottes. Jesus ist der zu ewiger Herrschaft erhöhte Messias, Jesus ist die Erfüllung der alttestamentlichen Verheißungen. Um die Hervorhebung und Veranschaulichung dieser urchristlichen Bekenntnisaussagen geht es in unserer Erzählung. Wir werden deshalb bei der Bestimmung der Gattung am besten von einer „Bekenntniserzählung" sprechen. Sie sagt und bekennt, wer Jesus war, indem sie auf die Zeit vor der Empfängnis Jesu zurückblendet und mit Hilfe alttestamentlicher Schemata den Anfang Jesu erzählt. Sie sagt und bekennt: Jesus ist der Sohn Gottes, denn er kam aus Gott.

Wenn das so ist, haben wir natürlich keine Möglichkeit mehr, die Verkündigungserzählung auf irgendwelche historischen Vorkommnisse zu hinterfragen – zum Beispiel darauf, ob Maria ein besonderes Offenbarungserlebnis hatte oder nicht. Selbstverständlich kann es ein solches Offenbarungserlebnis gegeben haben. Aber aus der Erzählung in Lk 1, 26–38 läßt es sich nicht beweisen. Die Gattung der Erzählung bietet dazu einfach keinen Ansatzpunkt. Die Erzählung sagt uns nur: Jesus ist der Sohn Gottes, denn seine Empfängnis geschah durch den Geist Gottes. Über alles andere schweigt sie. Es wäre also einfach gegen die Aussageabsicht des Textes, aus ihm einen historischen Ablauf rekonstruieren zu wollen. Daß dies nicht geht, zeigt eine weitere Beobachtung:

Wäre unsere Erzählung die Wiedergabe eines wirklichen Gespräches zwischen Gabriel und Maria, so wäre der Einwand Marias, daß sie mit keinem Mann geschlechtlichen Umgang habe, völlig unverständlich. Denn als Verlobte hätte sie die Verheißung „du wirst schwanger werden" nur in dem Sinn verstehen können, daß sie nach ihrer Heimführung durch Josef, also nach Aufnahme ihres ehelichen Beisammenseins, von diesem ein Kind empfangen würde. Warum dann überhaupt ihr Einwand, sie habe keine Geschlechtsgemeinschaft mit einem Mann? Man kann dieser Schwierigkeit nicht dadurch entgehen, daß man annimmt, Maria habe anscheinend den Zeitpunkt der angekündigten Empfängnis auf die Zeit ihrer Verlobung bezogen, also bereits auf die Zeit, in der Josef sie noch nicht heimgeführt hatte. Einen solchen Sinn konnte die Verheißung des Engels für ein jüdisches Mädchen, das in den letzten Monaten vor der Ehe stand, niemals haben. Dann bleibt nur die Annahme, Maria habe irgendwann ein Jungfräulichkeitsgelübde abgelegt und deshalb keinerlei Möglichkeit einer Schwangerschaft sehen können. In diesem Sinn hat man die verwunderte Frage Marias an den Engel auch tatsächlich jahrhundertelang verstanden. Aber auch diese Annahme ist völlig abwegig und von der Bibelwissenschaft längst aufgegeben. Erstens steht von einem Jungfräulichkeitsgelübde in unserem Text kein Wort, zweitens wäre ein derartiges Gelübde bei der Hochschätzung der kinderreichen Ehe im Judentum völlig unwahrscheinlich, drittens hätte dann Maria ein Eheversprechen abgegeben, ohne ihrem Verlobten etwas von ihrem Gelübde zu sagen. Wie man die Dinge auch wendet: Wenn das Gespräch zwischen Gabriel und Maria so abgelaufen sein soll, wie es in Lk 1 erzählt wird, gerät man in unlösbare Schwierigkeiten.

Macht man hingegen damit ernst, daß hier nach einem alttestamentlichen Schema erzählt wird, für das eben ein Einwand des Offenbarungsempfängers und eine den Einwand ausräumende Erklärung wesentlich ist, so lösen sich sofort alle Schwierigkeiten. Denn dann ist der Einwand Marias nicht ein Einwand der historischen Maria, sondern ein Hinweis des Erzählers an den Leser, dem auf diese Weise angezeigt werden soll, wie er die Gottessohnschaft Jesu, von der vorher die Rede war, zu verstehen hat. Es geht also wirklich nicht an, unsere Erzählung als historischen Dokumentarbericht zu lesen.

Man kann sich das noch an einem weiteren Phänomen verdeutlichen: Sowohl bei Zacharias als auch bei Maria erscheint der Engel *in leiblicher Gestalt*. Bei Zacharias steht er zur Rechten des Rauchopferaltars (Lk 1, 11), bei Maria haben wir uns vorzustellen, daß er ihr Haus betritt (Lk 1, 28). In derselben Weise tritt aber auch in der Geburtsgeschichte der Engel des Herrn vor die Hirten hin (Lk 2,9). Wir haben also in der Vorgeschichte des Lukasevangeliums drei Texte, in denen Engel auftreten und jedesmal kommen sie in realer, leiblicher Erscheinung.

Das Interessante ist nun, daß auch in der Vorgeschichte des Mattäusevangeliums dreimal ein Engel des Herrn erscheint, nämlich in 1, 20; 2, 13 und 2, 19. Aber hier vollzieht sich das Erscheinen nun nicht als reales, leibliches Hinzutreten, sondern es wird an allen drei Stellen ausdrücklich vermerkt, daß die Erscheinung *im Traume* geschah. Gott schickt dem Menschen einen Traum, in diesem Traum sieht der Mensch einen Engel, und dieser Engel sagt dem Menschen, was er tun soll. Das ist theologisch und auch psychologisch wesentlich sublimer als bei Lukas.

Weshalb pflegen bei Lukas Engel leibhaftig und bei Mattäus nur im Traum zu erscheinen? Nimmt man die genannten Texte als historische Berichte, so muß man sagen: Gott hat Engel manchmal leibhaftig erscheinen lassen, manchmal nur im Traum; Lukas berichtet zufälligerweise nur die leibhaftigen Erscheinungen, Mattäus zufälligerweise nur die Traumerscheinungen.

Daß es so nicht geht, ist wohl jedem Leser klar, zumal wenn er erfährt, daß es auch schon im Alten Testament ganz verschiedene Darstellungsformen für himmlische Erscheinungen gibt: sehr realistische Darstellungsformen bei Erzählern, die auch sonst realistisch zu erzählen pflegen, und theologisch zurückhaltende Darstellungsformen bei Erzählern, die auch sonst theologisch zurückhaltend zu erzählen pflegen. Daraus folgt doch: Bereits die Art, wie überhaupt der Engel in unserer Erzählung auftritt, ist Darstellungsform. Wir tun also gut daran, bei Erzählungen dieser Art alle historischen Fragen in der Schwebe zu lassen und uns ganz auf ihre eigentliche Aussage zu konzentrieren. Diese lautet in unserem Fall: Jesus ist der verheißene

Messias. Jesus ist der Sohn Gottes. Schon sein Ursprung liegt in Gott.

9. Eine Offenbarungsrede

Gleichnis, Lehr-Erzählung, Sage, Geschichtserzählung, Bericht, Bekenntniserzählung – das sind jeweils verschiedene Gattungen des Erzählens innerhalb der Bibel. Weder die Erzählhaltung, noch das Ziel der Erzählung, noch der Sitz im Leben gleichen sich dabei. Selbstverständlich gibt es in der Bibel noch andere Arten zu erzählen, die sich in einer weiteren Anzahl von Gattungen niedergeschlagen haben. Wir wollen jedoch an dieser Stelle abbrechen, um wenigstens noch einen Blick auf Gattungen zu werfen, die nicht ein Geschehen erzählen, sondern Worte und Reden wiedergeben. Selbstverständlich sind auch hier wieder die verschiedensten Gattungen und Formen möglich. Greifen wir ein Beispiel heraus!

Jedem Leser der Evangelien muß irgendwann einmal auffallen, daß Jesus bei Mattäus, Markus und Lukas ganz anders spricht als bei Johannes. Anders nicht nur dem Inhalt, sondern auch der Form nach! Worin besteht dieser Unterschied, und wie ist er zu erklären? Lassen wir, um die formale Eigenart des Sprechens Jesu bei Johannes zu erkennen, zunächst einmal einen längeren Redeabschnitt dieses Evangeliums auf uns wirken! Er steht im 8. Kapitel und ist an einen nicht genau definierten Kreis von Zuhörern gerichtet, unter dem sich auch Pharisäer befinden:

„Wiederum sprach Jesus zu ihnen: Ich bin das Licht der Welt. Wer mir nachfolgt, wird nicht in der Finsternis wandeln, sondern das Licht des Lebens haben. Da sagten die Pharisäer zu ihm: Du legst für dich selbst Zeugnis ab; dein Zeugnis ist nicht zuverlässig. Jesus erwiderte ihnen: Auch wenn ich für mich selbst Zeugnis ablege, ist mein Zeugnis zuverlässig, weil ich weiß, woher ich gekommen bin und wohin ich gehe. Ihr aber wißt nicht, woher ich komme und wohin ich gehe. Ihr urteilt, wie Menschen urteilen; ich urteile über niemanden. Wenn ich aber urteile, ist mein Urteil wahr; denn ich bin nicht allein, sondern mit mir ist Er, der mich gesandt hat. Auch in eurem Gesetz steht doch geschrieben, daß ein Zeugnis von zwei Menschen zuverlässig ist. Ich bin es, der für mich Zeugnis ablegt, und Zeugnis legt für mich der Vater ab, der mich gesandt hat. Da fragten sie ihn: Wo ist denn dein Vater? Jesus antwortete: Ihr kennt weder mich noch meinen Vater; wenn ihr mich kennen würdet, würdet ihr auch meinen Vater kennen. Diese Worte sprach er bei der Schatzkammer, als er im Tempel lehrte. Aber niemand nahm ihn fest; denn seine Stunde war noch nicht gekommen.

Wieder sprach er zu ihnen: Ich gehe fort, und ihr werdet mich suchen, aber ihr werdet in eurer Sünde sterben. Wohin ich gehe, dorthin könnt ihr nicht kommen. Da sagten die Juden: Will er sich umbringen? Warum sagt er sonst: Wohin ich gehe, dorthin könnt ihr nicht kommen? Er aber sprach zu ihnen: Ihr seid von unten, ich bin von oben; ihr seid aus dieser Welt, ich bin nicht aus dieser Welt. Deshalb habe ich euch gesagt: Ihr werdet in euren Sünden sterben. Denn wenn ihr nicht glaubt, daß ich mit Recht sage: Ich bin es, werdet ihr in euren Süden sterben. Da fragten sie ihn: Wer bist du denn? Jesus antwortete ihnen: Warum rede ich überhaupt noch zu euch? Ich hätte noch viel über euch zu sagen und zu richten; aber Er, der mich gesandt hat, ist wahr, und was ich von ihm gehört habe, das sage ich zur Welt. Sie verstanden nicht, daß er zu ihnen vom Vater sprach. Da sagte Jesus zu ihnen: Wenn ihr den Menschensohn erhöht habt, dann werdet ihr erkennen, daß ich mit Recht sage: Ich bin es. Ihr werdet erkennen, daß ich nichts aus eigenem Willen tue, sondern das sage, was mich der Vater gelehrt hat. Und er, der mich gesandt hat, ist mit mir. Er hat mich nicht allein gelassen, weil ich immer das tue, was ihm gefällt. Als Jesus so sprach, glaubten viele an ihn" (Joh 8, 12–30).

Zunächst fällt bei diesem Redeabschnitt aus dem Johannesevangelium die feierliche Selbstvorstellung am Anfang in die Augen: „Ich bin das Licht der Welt." An diese Selbstvorstellung schließt sich unmittelbar eine Verheißung an: „Wer mir nachfolgt, wird nicht in der Finsternis wandeln, sondern das Licht des Lebens haben." Diese Verknüpfung von Selbstvorstellung (eingeleitet mit „Ich bin") und Verheißung (eingeleitet mit „Wer ...") findet sich öfters im Johannesevangelium. Vergleiche:

„**Ich bin** das Brot des Lebens.
Wer zu mir kommt, wird nicht mehr hungern,
und wer an mich glaubt, wird nicht mehr dürsten."
(Joh 6, 35)

„**Ich bin** das lebendige Brot, das vom Himmel herabgekommen ist.
Wer von diesem Brot ißt, wird leben in Ewigkeit."
(Joh 6, 51)

„**Ich bin** das Licht der Welt.
Wer mir nachfolgt, wird nicht in der Finsternis wandeln, sondern das Licht des Lebens haben."
(Joh 8, 12)

„**Ich bin** die Tür.
Wer durch mich eintritt, wird gerettet werden."
(Joh 10, 9)

„**Ich bin** die Auferstehung und das Leben.
Wer an mich glaubt, wird leben,
auch wenn er stirbt."
(Joh 11, 25)

„**Ich bin** der Weinstock, ihr seid die Rebzweige.
Wer in mir bleibt und in wem ich bleibe,
der bringt reiche Frucht."
(Joh 15, 5)

Man kann nun leicht die Gegenprobe machen und untersuchen, ob sich das festgestellte Schema auch in Jesusreden der drei ersten Evangelien findet. Das Ergebnis ist eindeutig: Das Schema: Selbstvorstellung + Verheißung findet sich in den übrigen Evangelien im Munde Jesu kein einziges Mal. Die Jesusrede Joh 8, 12–29 beginnt also mit einem festen Schema, das im Mattäus-, Markus- und Lukasevangelium fehlt, hingegen für das Johannesevangelium charakteristisch ist. So redet tatsächlich nur der johanneische Jesus.

Aber welche Art von Rede liegt hier überhaupt vor? Was ist das für eine Redeform, die mit einer Selbstvorstellung beginnt, mit einer Verheißung fortfährt und dann so weiterläuft wie Joh 8, 12–29? Um das besser erkennen zu können, betrachten wir zunächst einen außerbiblischen Text, der von dem heidnischen Philosophen Celsus (2. Jahrhundert nach Christus) stammt. Celsus hatte auf seinen Reisen in Syrien und Palästina orientalischen Wanderpredigern zugehört, die in den Dörfern und Städten auftraten und Ansprachen an die Massen hielten. Mehr oder weniger erzählten sie alle dasselbe. Celsus faßt den Inhalt ihrer Verkündigung folgendermaßen zusammen:[21]

„Ich bin Gott oder Gottes Sohn oder göttlicher Geist. Gekommen bin ich, denn der Weltuntergang steht vor der Tür, und mit euch Menschen geht es wegen eurer Untaten zu Ende. Ich will euch aber retten. Schon bald werdet ihr mich mit himmlischer Kraft auffahren sehen. Selig, wer mich jetzt anbetet! Auf alle anderen werde ich ewiges Feuer werfen, auf alle Städte und Länder. Und die Menschen, die ihre Strafen nicht kennen, werden vergeblich bereuen und stöhnen. Jene aber, die mir Glauben geschenkt haben, werde ich ewig bewahren."

Bei einem Vergleich zwischen diesem Text und den Reden Jesu im Johannesevangelium sind zunächst einmal mit allem Nachdruck die Unterschiede zu betonen. Sie sind schwerwiegend. Nirgendwo im Johannesevangelium spricht Jesus in solch primitiver, bombastischer und vordergründiger Weise von sich und seiner Sendung. Jesus sagt bei Johannes an keiner einzigen Stelle „Ich bin Gott", sondern er sagt: „Wer mich sieht, sieht den Vater" (Joh 14, 9). Er fordert auch niemanden auf, ihn anzubeten, sondern er fordert auf, ihm zu glauben, daß er von Gott gesandt ist: „Wer an mich glaubt, glaubt nicht an mich, sondern an den, der mich gesandt hat" (Joh 12, 44). Schließlich fordert er Glauben nicht zuerst aus Angst vor ewiger Strafe, wie es der heidnische Text tut, sondern er fordert Glauben, damit die Menschen zur Erkenntnis der Wahrheit gelangen und das wahre Leben finden: „Ich bin gekommen, damit sie das Leben haben und es in Fülle haben" (Joh 10, 10). Gerade der Vergleich mit dem Celsus-Text zeigt, daß der Jesus des Johannesevangeliums eben nicht in die lange Reihe der antiken Wundermänner und Wanderprediger gehört, die sich als Götter in Menschengestalt ausgaben und mit Magie und Drohpredigten die Menge zu fesseln suchten.

Trotz dieser tiefgreifenden inhaltlichen Unterschiede springen nun aber die Gemeinsamkeiten der Form in die Augen: Wie Joh 8, 12–29 beginnt auch der Celsus-Text mit einer *Selbstvorstellung* des Redenden, und sie geschieht wie bei Johannes in der „Ich bin"-Form. In beiden Fällen ist diese Selbstvorstellung im Grunde eine Selbstoffenbarung und zwar eine Selbstoffenbarung mit absolutem Anspruch. Man kann sie nicht hinterfragen. Man kann sie nur annehmen oder ablehnen. Im Johannesevangelium kommt freilich diese Absolutheit der Selbstoffenbarung noch deutlicher zum Ausdruck als in dem kurzen Celsus-Text. Denn bei Johannes machen die Pharisäer Jesus ja dann den Vorwurf, er lege für sich selbst Zeugnis ab und deshalb sei sein Zeugnis nicht zuverlässig. Wenn Jesus darauf antwortet, auch sein Vater lege Zeugnis für ihn ab, so ist damit die Absolutheit seiner Selbstoffenbarung nicht aufgehoben, denn das Zeugnis des Vaters erfährt ja nur der, der an Jesus glaubt (vgl. V. 19!). Der Anspruch Jesu ist also nicht hinterfragbar; deshalb kann er ihn nur stets von neuem umschreiben und deshalb sagt er immer wieder von neuem „Ich bin es" (vgl. 8, 24. 28!).

Mit diesem absoluten Anspruch wird Jesus zur Krisis, das heißt, zu dem, der die Welt scheidet. Er scheidet zwischen sich und seinen Hörern: „Ihr seid von unten, ich bin von oben; ihr seid aus dieser Welt, ich bin nicht aus dieser Welt" (Joh 8, 23). Zugleich scheidet er aber auch seine Hörer: in solche, die ihm glauben, und in solche, die ihm nicht glauben. Dieser Scheidung der Hörer in Glaubende und Nichtglaubende entspricht in der Rede das Nebeneinander von *Verheißung* und *Drohung*. In dem Celsus-Text tritt die Parallelität von Verheißung und Drohung besonders deutlich zutage. Dort findet sich sogar die Doppelstruktur: „Selig, wer mich jetzt anbetet! (Verheißung) Auf alle anderen werde ich ewiges Feuer werfen. (Drohung) Und die Menschen, die ihre Strafen nicht kennen, werden vergeblich bereuen. (Drohung) Jene aber, die mir Glauben geschenkt haben, werde ich ewig bewahren" (Verheißung) – also Verheißung, Drohung, Drohung, Verheißung nach der Struktur A-B-B-A.

Auch die Jesusrede enthält eine feierliche Verheißung, schließt sie aber charakteristischerweise sofort an die Selbstvorstellung an: „Wer mir nachfolgt, wird nicht in der Finsternis wandeln, sondern das Licht des Lebens haben." Auch eine Drohung fehlt nicht; sie findet sich aber erst in 8, 24: „Wenn ihr nicht glaubt, daß ich mit Recht sage: Ich bin es, werdet ihr in euren Sünden sterben." Wiederum sei auf den tiefen inhaltlichen Unterschied zwischen der Drohung der Jesusrede und der Drohung des Celsus-Textes hingewiesen. Uns interessiert hier allerdings nur das Vorhandensein der Drohung an sich.

Zusammengefaßt läßt sich sagen: Bei Joh 8, 12–29 wie bei dem Celsus-Text handelt es sich um eine Redeform, in welcher der Redende seinen Anspruch absolut und nicht hinterfragbar vor die Zuhörer hinstellt. Er deckt mit seiner Rede die Situation der Welt auf und verkündet, daß es nur eine Möglichkeit gibt, sich zu retten: ihm zu glauben. Charakteristisch für die Redeform sind die Selbstvorstellung des Redenden mit „Ich bin" und die Doppelung von Verheißung und Drohung. Man könnte die ganze Redegattung kurz kennzeichnen als „Offenbarungsrede eines Erlösers". Die einzelnen Elemente und Kennzeichen dieser Gattung begegnen noch in vielen anderen Jesusreden des Johannesevangeliums.

Aber woher kommen nun eigentlich die formalen Gemeinsamkeiten zwischen der bei Celsus skizzierten Rede orientalischer Wanderprediger und den Reden Jesu im Johannesevangelium? Hat Celsus oder haben gar die Männer, denen er in Palästina begegnete, das Johannesevangelium bewußt nachgeahmt und als Redemuster verwendet? – Eine solche Lösung ist ganz und gar unwahrscheinlich. Denn der Typ der Offenbarungsrede, wie er hier beschrieben wurde, war bereits im 1. und 2. Jahrhundert nach Christus in der antiken Welt weit verbreitet. Er begegnet in vielerlei Schriften der damaligen Zeit, in denen von Mysterien, Offenbarungen, geheimer Erkenntnis und Weisheit die Rede ist. So wurden zum Beispiel zu Beginn unseres Jahrhunderts die uralten Schriften der Mandäer erschlossen, einer ostsyrischen Täufersekte, deren Ursprünge bis ins 1. Jahrhundert nach Christus zurückreichen. In diesen Schriften finden sich zahlreiche Offenbarungsreden mit genau den gleichen Formelementen, wie wir sie im Johannesevangelium und bei Celsus festgestellt haben. So stellt sich etwa im „Johannesbuch" der Mandäer der Offenbarer folgendermaßen vor:[22]

„Ein Fischer bin ich des großen Lebens, ein Fischer bin ich des gewaltigen Lebens, ein Fischer bin ich des großen Lebens, ein Bote, den das Leben gesandt ... Nehmet euch in acht in der Welt! Nehmet auch selber vor den stinkigen Vögeln in acht, die über euch sind. Wenn ihr euch in acht nehmet, meine Brüder, werde ich euch ein Beistand sein: ein Beistand und eine Stütze aus dem Orte der Finsternis zum Orte des Lichtes."

In einer anderen Schrift der Mandäer, im „Rechten Ginza", spricht der Offenbarer:[23]

„Der Gesandte des Lichtes bin ich; ein jeder, der seinen Duft riecht, erhält Leben. Ein jeder, der seine Rede in sich aufnimmt, dessen Augen füllen sich mit Licht ... Doch die Bösen, sie, die Lügner, verdammen sich selber ... Die Bösen sinken nach eigenem Willen in das große Sûf-Meer."

Auch hier liegt eindeutig der Typ der Offenbarungsrede vor. Die Formelemente: Selbstvorstellung – Verheißung – Drohung (beziehungsweise Warnung) sind sofort zu erkennen. Hätte ich die beiden mandäischen Texte in ihrer ganzen Länge zitiert, wären sogar noch weitere formale Gemeinsamkeiten mit Joh 8, 12–29 zutage getreten. Aber ich wollte mich hier auf die Elemente: Selbstvorstellung – Verheißung – Drohung beschränken. Es ist ja wohl auch so deutlich geworden, was eine Offenbarungsrede eigentlich ist. Jetzt kommt es vor allem darauf an, den Unterschied zur Redeweise Jesu bei Mattäus, Markus und Lukas herauszuarbeiten. Wir wählen dazu Lk 12, 49–59. Dieser Text ist zu einem Vergleich gut geeignet, denn er enthält ebenfalls eine längere Rede Jesu, und auch diese Rede fordert von den Zuhörern eine radikale Entscheidung.

„Ich bin gekommen, Feuer auf die Erde zu werfen, und wie sehr wünschte ich, es wäre schon entflammt.

Doch ich muß getauft werden mit einer Taufe, und wie bin ich bange, bis sie vollzogen ist.

Meint ihr, ich sei gekommen, Frieden auf die Erde zu bringen? Ich sage euch: nicht Frieden, sondern Spaltung! Denn von jetzt an wird es so gehen: Wo fünf Menschen im gleichen Haus leben, wird Zwietracht herrschen. Drei werden gegen zwei stehen und zwei gegen drei, der Vater gegen den Sohn und der Sohn gegen den Vater, die Mutter gegen die Tochter und die Tochter gegen die Mutter, die Schwiegermutter gegen die Schwiegertochter und die Schwiegertochter gegen die Schwiegermutter.

Und zu den Volksscharen sprach er: Wenn ihr Gewölk

im Westen aufziehen seht, sagt ihr gleich: Es gibt Regen –
und so kommt es auch: Und wenn der Südwind weht, sagt
ihr: Es wird heiß werden – und so kommt es. Ihr Heuchler: Das Gesicht von Erde und Himmel könnt ihr beurteilen. Wieso könnt ihr dann diese Stunde nicht beurteilen?

Warum könnt ihr euch nicht selbst Rechenschaft geben,
was jetzt das richtige ist? Wenn du mit deinem Prozeßgegner zur Gerichtsverhandlung gehst, so bemühe dich noch
unterwegs, mit ihm ins reine zu kommen. Sonst wird er
dich vor den Richter schleppen, und der Richter wird dich
dem Gerichtsdiener übergeben, und der Gerichtsdiener
wird dich ins Gefängnis werfen. Ich sage dir: Du kommst
dort nicht mehr heraus, bis du deine Schuld auf Heller und
Pfennig beglichen hast" (Lk 12, 49–59).

Der tiefgreifende stilistische Unterschied dieser Jesusrede
zu Joh 8, 12–29 springt sofort in die Augen. In Joh 8,
12–29 wird Jesus immer wieder von seinen Zuhörern
unterbrochen. Sie machen Einwände, stellen Fragen oder
zeigen ihr Unverständnis. Und sowohl das Unverständnis
der Hörer, wie auch ihre Fragen und Einwände, treiben die
Rede voran. So ergibt sich von Satz zu Satz ein echter
Gedankenfortschritt, obwohl die ganze Rede letztlich um
den absoluten und nicht hinterfragbaren Anspruch Jesu
kreist, der in dem „Ich bin es" ausgesprochen ist.

In der Jesusrede von Lk 12, 49–59 ist das alles ganz
anders. Einwände oder Fragen der Zuhörer fehlen hier völlig. Es gibt keinen sich entwickelnden Zusammenhang der
Rede; es gibt keinen logischen Gedankenfortschritt. Der
ganzen Rede liegt zwar als Thema der Gedanke der radikalen Entscheidung zugrunde, die jetzt, in der Stunde der
Predigt Jesu, gefällt werden muß. Aber dieses Thema wird
nicht fortschreitend entwickelt, sondern kommt in mehreren Einzelworten jeweils neu zur Sprache. Sieht man genau
zu, so zeigt sich, daß die Jesusrede in Wirklichkeit aus fünf
einzelnen Stücken besteht, die in sich verständlich sind und
die erst nachträglich miteinander verbunden wurden:

1. Spruch vom Feuer (12, 49)
2. Spruch von der Taufe (12, 50)
3. Spruch von der Spaltung (12, 51–53)
4. Spruch vom Wetter (12, 54–56)
5. Gleichnis vom Gang zum Richter (12, 57–59)

Daß hier tatsächlich fünf ganz verschiedene Worte beziehungsweise Redestücke vorliegen, die ursprünglich nichts miteinander zu tun hatten, sieht man schon an dem ständigen Wechsel des Bildbereichs. Zuerst ist vom Feuer die Rede, dann von der Taufe, dann von Spaltung in den Familien, dann vom Wetterwechsel, und schließlich wird die Situation vor einer Gerichtsverhandlung aufgenommen. Es ist klar, daß Worte mit einem derart wechselnden Bildbereich nur bei ganz verschiedenen Gelegenheiten und niemals zusammenhängend gesprochen sein können.

Hierfür gibt es noch weitere Indizien: So werden zum Beispiel in dem Spruch vom Wetter die Zuhörer in der Mehrzahl angeredet: „Wenn *ihr* Gewölk im Westen aufziehen seht ..." Hingegen werden sie in dem anschließenden Gleichnis vom Gang zum Richter in der Einzahl angesprochen: „Wenn *du* mit deinem Prozeßgegner zur Gerichtsverhandlung gehst ..." An diesem Wechsel im Stil der Anrede wird deutlich, daß hier ursprünglich getrennte Stücke nachträglich zusammengefügt wurden.

Wenn wir den tiefgreifenden Unterschied zwischen der Jesusrede bei Lukas und der bei Johannes richtig begreifen wollen, müssen wir aber die Formfrage noch präziser stellen. Wir hatten gesehen, daß Joh 8, 12–29 der Gattung der Offenbarungsrede zugehört, weil hier Selbstvorstellung, Drohung und Verheißung eine besondere Rolle spielen und der absolute Anspruch des Redenden ständig im Hintergrund steht. Wie verhält es sich damit bei Lukas? Welcher Gattung gehört Lk 12, 49–59 an? Die Antwort kann nur lauten: Die lukanische Jesusrede ist eine sekundäre Komposition von Einzelworten, die zunächst für sich existierten. Und diese Einzelworte gehören ganz verschiedenen Gattungen an: Da ist zum Beispiel in Vers 49 ein prophetisches Ich-Wort, in dem Jesus von seiner Sendung spricht. In den Versen 52–53 begegnen wir der Gattung der Weissagung, in den Versen 58–59 schließlich der Gattung des Gleichnisses. Die ganze Rede ist also eine Komposition aus Einzelgattungen, die in den Bereich prophetischer Rede hineingehören oder ihr zumindest nahestehen. Nun ist aber die Offenbarungsrede dem Bereich des Prophetischen ganz und gar fremd; tatsächlich hat auch Lk 12, 49–59 mit einer Offenbarungsrede nicht das geringste zu tun. Es begegnet zwar eine Drohung (V. 59), aber keine Verheißung. Und der Spruch vom Feuer beginnt zwar mit „Ich bin", aber dann kommt keine Selbstvorstellung, wie sie für die Offenbarungsrede typisch ist, sondern ein prophetisches Wort, mit dem Jesus seine Sendung umreißt. Er sagt mit diesem Wort nicht, wer er ist, sondern wozu er gesandt ist. Er redet nicht als Offenbarer, sondern als Prophet. Der Satz bei Lukas „Ich bin gekommen, Feuer auf die Erde zu werfen ..." liegt auf einer ganz anderen Ebene als der Satz bei Johannes: „Ich bin das Licht der Welt ..."

Überhaupt bleibt in Lk 12, 49–59 das „Ich" Jesu im Hintergrund, beziehungsweise es tritt sehr schnell wieder in den Hintergrund. In dem Spruch vom Wetter und dem Gleichnis vom Gang zum Richter kommt Jesus selbst überhaupt nicht mehr vor. Das eigentliche Thema der ganzen Rede ist nicht Jesus, sondern Gott. Die Hörer sollen begreifen, was die Stunde geschlagen hat. Das Reich Gottes ist im Anbruch. Dem Menschen bleibt keine Zeit mehr. Er muß umkehren. Er muß sich entscheiden – für oder gegen das Reich Gottes. Er muß die Forderung der Stunde begreifen, die Zeichen der Zeit verstehen. Es bleibt ihm so wenig Zeit wie einem Menschen auf dem Gang zum Richter. Noch kann er sich mit seinem Prozeßgegner einigen. Hat die Verhandlung aber erst einmal begonnen, so ist es zu spät. Schnelles Handeln ist also geboten. Wie kommt es nur, fragt Jesus seine Zuhörer, daß sie die Vorzeichen des

Wetters so gut zu deuten verstehen, hingegen die Zeichen, die das Nahen des Gottesreiches ankündigen, nicht begreifen. Dabei fordert doch die Nähe der Gottesherrschaft die ganze Entscheidung des Menschen. Jesus weiß sich gesandt, diese Entscheidung herbeizuführen. Seine Botschaft bewirkt Spaltung und Scheidung. Sie sprengt alle Verhältnisse und alle Bindungen. Sie wirkt wie Feuer.

Sämtliche Jesusworte von Lk 12, 49–59 sprechen also von der Situation angesichts der sich nahenden Gottesherrschaft. Obwohl dieser Begriff kein einziges Mal genannt wird, bildet er den Hintergrund der gesamten Rede. Jesus spricht als der Verkünder der anbrechenden Gottesherrschaft. Er ruft auf zur Entscheidung für das Reich Gottes und damit für Gott.

Erst vor diesem Hintergrund wird die Eigenart der Offenbarungsrede von Joh 8 wirklich sichtbar. Der johanneische Jesus weist nicht auf etwas hin, was von der Zukunft her andringt, sondern er spricht von der Gegenwart. Er weist nicht hin auf die kommende Gottesherrschaft, sondern er weist auf sich selbst. Er tritt nicht auf als Prophet, sondern als Offenbarer. Er rückt seine eigene Person ständig und nachdrücklich in den Vordergrund. Und das gilt, wohlgemerkt, nicht nur für den Abschnitt, den wir besprochen haben, sondern für den gesamten Redestoff des Johannesevangeliums. Immer wieder begegnet im 4. Evangelium die Gattung der Offenbarungsrede, während prophetische Redeformen eindeutig zurücktreten. Demgegenüber ist es in den drei ersten Evangelien genau umgekehrt: Dort beherrschen prophetische Redeformen die Szene, und die Gattung der Offenbarungsrede fehlt völlig.

In welcher Weise hat nun der wirkliche Jesus gesprochen: Wie der Jesus der drei ältesten Evangelien oder wie der des Johannesevangeliums? Früher hat man bisweilen behauptet, Jesus habe als Prophet *und* als Offenbarer gesprochen – aber als Offenbarer nur in ganz bestimmten Situationen, und eben diese Situationen habe uns ganz allein der vierte Evangelist überliefert. Aber eine solche Lösung ist völlig ausgeschlossen – schon allein deshalb, weil die meisten Offenbarungsreden des Johannesevangeliums nicht an einen geheimen Zuhörerkreis, sondern an die Öffentlichkeit gerichtet sind. Man hat sich also zu entscheiden: Entweder hat Jesus so gesprochen wie der Jesus der drei ältesten Evangelien oder wie der des Johannesevangeliums.

Für die Bibelwissenschaft ist nun allerdings diese ganze Frage seit langem entschieden, und zwar eindeutig und endgültig. Denn das Johannesevangelium unterscheidet sich nicht nur durch die Gattung der Offenbarungsrede, sondern durch seinen gesamten Stil sehr stark von den drei ersten Evangelien. Und dieser charakteristische Stil des 4. Evangeliums begegnet interessanterweise nicht nur in den Redepartien, sondern im gesamten Evangelium, ja darüber hinaus auch noch im 1. Johannesbrief. Weiterhin: Das Johannesevangelium hat gegenüber den drei ersten Evangelien nicht nur seinen eigenen Stil, sondern auch seine eigene Thematik, und diese Thematik findet sich wiederum im 1. Johannesbrief. Der Verfasser dieses Briefes redet über die gleichen Themen wie der johanneische Jesus und er redet über diese Themen im gleichen Stil. Die Folgerungen sind unausweichlich: Hinter dem 4. Evangelium und hinter dem 1. Johannesbrief steht ein wirklich großer Theologe – wahrscheinlich mit einem Kreis von Schülern –, der Jesus in seiner eigenen Sprache reden läßt (vergleiche z. B. Joh 3, 16–17 mit 1 Joh 4, 9–10). Ferner: In den drei ältesten Evangelien sind wir dem historischen Jesus näher als im 4. Evangelium. Ferner: Die Offenbarungsrede ist eine Gattung, in welcher der historische Jesus nie gesprochen hat. Schließlich: Die Offenbarungsrede in Joh 8, 12–29 ist die Komposition eines frühchristlichen Theologen, nicht aber eine Rede des historischen Jesus.

All diese Feststellungen sind für den Historiker unausweichlich und sie sind längst Allgemeingut der Bibelwissenschaft. Aber diese Feststellungen genügen nicht. Wer nur diese Feststellungen trifft und weiter nichts sagt, sagt noch nicht die ganze Wahrheit. Denn wir müssen ja auch in diesem Fall, genau wie beim Erzählstoff der Bibel, fragen: Besteht Wahrheit nur darin, daß die äußeren Fakten stimmen, oder gibt es nicht noch ganz andere Formen von Wahrheit? Konkret: Gibt eine Jesusrede das, was Jesus war und was er gewollt hat, nur dann wieder, wenn sie eine Art Tonbandaufnahme seiner Worte ist, oder kann eine Jesusrede sekundär und sehr frei formuliert sein und doch das wiedergeben, was Jesus war und was er gewollt hat? Noch konkreter: Könnte es sein, daß Jesus nie in der Form der Offenbarungsrede gesprochen hat und daß doch die johanneischen Offenbarungsreden genau das wiedergeben, was Jesus im tiefsten Grunde seines Wesens war und was er gewollt hat? Wir hatten gesehen, daß sich Jesus prophetischer Redeformen bedient; daß er nicht sich selbst verkündet, sondern daß er ein Prophet auf Gott und die anbrechende Gottesherrschaft hinweist. Von daher läge es nahe, Jesus als Propheten zu bezeichnen und im Prophetischen das eigentliche Geheimnis seiner Person zu suchen. Tatsächlich wurde Jesus ja auch zunächst in diesem Sinne gedeutet: Vergleiche Lk 7, 16: „Ein großer Prophet ist unter uns aufgestanden; Gott hat sein Volk heimgesucht." Aber so richtig es ist, daß im Reden und Tun Jesu eine Vielzahl prophetischer Elemente anzutreffen ist, so sehr bleibt die Frage, ob das Geheimnis seiner Person damit wirklich umschrieben ist.

Schon der endzeitliche Charakter der Verkündigung Jesu ist mit dem Begriff des Prophetischen nicht voll einzufangen. Jesus will ja nicht nur eine bestimmte Situation Israels von Gott her deuten, sondern er verkündet, daß jetzt das endgültige Handeln Gottes begonnen hat. Er verkündet, daß Gott nun sein letztes und unüberholbares Wort spricht, daß Gott nun endgültig sein Heil und sein Gericht anbrechen läßt und daß deshalb jetzt die Stunde der radikalen Entscheidung gekommen ist.

Immerhin könnte man hier noch auf Johannes den Täufer hinweisen, dessen Predigt ebenfalls endzeitlichen Charakter hatte. Aber Jesus versteht seine Predigt nicht nur als das letzte und endgültige Wort Gottes, zu seiner Predigt gehört auch der Anspruch, daß sich mit der Stunde seines Auftretens alle Verheißungen des Alten Testaments erfüllen. So kann er sprechen: „Selig die Augen, die sehen dürfen, was ihr seht! Ich sage euch: Viele Propheten und Könige wollten sehen, was ihr seht, und sahen es nicht; wollten hören, was ihr hört, und hörten es nicht" (Lk 10, 23—24). Fragt man, was Jesus eigentlich mit dem meint, was früher nicht zu sehen und zu hören war, nun aber zu sehen und zu hören ist, so kann die Antwort nur lauten: Jesus meint die Heilungen, die er vollbringt; er meint seine Dämonenaustreibungen und seine machtvolle Verkündigung; er meint die Gemeinschaft, die er mit den Zöllnern und Sündern hält. In all dem erfüllen sich die Verheißungen, in all dem ist die Gottesherrschaft schon im Anbruch. Das heißt aber auch: Jesus betrachtet sein gesamtes Tun als ein großes Zeichen, an dem die Herrlichkeit und die Macht der nahenden Gottesherrschaft bereits sichtbar werden. Die Botschaft Jesu läßt sich also von seiner Person keinesfalls trennen. Im Grunde betrachtet sich Jesus selbst als das Zeichen der Zeit und als das Zeichen der kommenden Herrlichkeit Gottes. Das aber setzt, stillschweigend und unausgesprochen, ein unerhörtes Selbstbewußtsein voraus, in dem alles Prophetische weit überstiegen wird.

Aber auch damit ist noch längst nicht alles gesagt. Man muß vor allem beachten, in welcher Weise Jesus den Willen Gottes geltend macht. Nicht durch Schriftgelehrsamkeit oder Weisheitslehre, aber auch nicht in der Art der Propheten, die mit einem Gottesspruch, den sie empfangen hatten, vor das Volk hintraten. Die bekannte Formel „So spricht Jahwe", mit der die alttestamentlichen Propheten ihre Botschaft einleiten, taucht bei Jesus kein einziges Mal auf. Er ersetzt die alttestamentliche Botenformel durch einen Satz, der sich nur bei ihm und nirgendwo anders findet: „Amen, amen, ich sage euch." Aus diesem Satz spricht ein für einen Juden ungeheuerliches und unerhörtes Vollmachtsbewußtsein. Jesus gibt nicht wie die Propheten ein Wort Gottes, das er empfangen hat, weiter, sondern er wagt es, so zu sprechen, als stünde er selbst an der Stelle Gottes.[24]

Wir wollen an dieser Stelle abbrechen, denn es kann ja hier nicht unsere Aufgabe sein, das Selbstbewußtsein Jesu, das hinter seinem Tun und seinen Worten steht, im einzelnen zu untersuchen. Es sollte nur angedeutet werden: Der Vollmachtsanspruch Jesu übersteigt den Rahmen und die Möglichkeiten des Prophetischen bei weitem. Hinter den Worten und dem Tun Jesu verbirgt sich ein Selbstbewußtsein, das sich allen vordergründigen Definitionen entzieht und das den Rahmen des im Judentum Möglichen bei weitem übersteigt.

Wenn nun der Verfasser des Johannesevangeliums dieses alles sprengende Vollmachtsbewußtsein Jesu mit dem Begriff des Offenbarers und mit der Gattung der Offenbarungsrede zu begreifen sucht, dann ist das ein kühner und großartiger Versuch, den Anspruch, der hinter dem Auftreten Jesu steht, zu erfassen und zu Wort zu bringen. Denn sieht man genauer zu, erkennt man, daß der Verfasser des 4. Evangeliums nur weitermeditiert, was in den Jesusworten der drei ersten Evangelien schon anklingt, daß er nur Linien auszieht, die dort bereits angelegt sind, und daß er nur ein Bild entfaltet, das dort bereits zeichenhaft anwesend ist. So steht hinter dem „Ich bin es" des Johannesevangeliums der Anspruch Jesu, der sich aussprach in dem „Amen, amen, ich sage euch". Hinter dem Satz des johanneischen Jesus „Wer mich sieht, sieht den Vater" steht die Tatsache, daß der historische Jesus sich selbst und sein Wirken als das Zeichen der anbrechenden Gottesherrschaft betrachtete. Und hinter den Verheißungs- und Drohworten der johanneischen Offenbarungsreden steht der Entscheidungsruf, den Jesus angesichts des bevorstehenden Endes ausgesprochen hat.

Jeder, der sich einen Blick für literarische Formen erwirbt, muß irgendwann über die tiefgreifenden Unterschiede zwischen der Redeweise Jesu in den drei ersten Evangelien und der Redeweise des johanneischen Jesus erschrecken. Doch derselbe Betrachter wird, sobald er genauer zusieht und tiefer hinhört, erkennen, wie genau und getreu im Johannesevangelium trotz aller Unterschiede das aufleuchtet, was Jesus gewesen ist.

Es bleibt dabei: Im Johannesevangelium spricht nicht einfach der historische Jesus. Die Offenbarungsreden dieses Evangeliums sind Meditationen eines Theologen der frühen Kirche über die Botschaft Jesu und das Geheimnis seiner Person. Aber es sind Gedanken und Meditationen des neben Paulus größten neutestamentlichen Theologen – getragen vom Glauben an Christus und aus einer tiefen Liebe heraus . Und kann denn das Geheimnis einer Person anders erkannt werden als in immer tieferem Nachdenken und in immer neuer Versenkung?

10. Das Wort von der Ehescheidung

Bisher mündeten all unsere formkritischen Untersuchungen am konkreten Bibeltext immer wieder in die Frage: historisch – nicht historisch? Das heißt: Die Form- und Gattungskritik erwies sich als eine entscheidende Hilfe für die Frage, ob sich ein Geschehen wirklich so abgespielt hatte und ob ein Wort wirklich so gesprochen worden war, wie es der biblische Text erwarten ließ. Aus all dem könnte nun sehr leicht ein falscher Eindruck entstehen. Nämlich der Eindruck, als sei die Formkritik das eigentliche methodische Instrument, zwischen historisch und nicht-historisch zu unterscheiden. In Wirklichkeit wäre sie damit weit überfordert. Mit Hilfe der Form- und Gattungskritik kann zwar in vielen Fällen gezeigt werden, daß sich ein Geschehen in der Weise, wie es geschildert wird, sicher nicht abgespielt hat. Aber damit ist über die Historizität dieses Geschehens noch nicht grundsätzlich entschieden. Denn es könnte ja sein, daß sich ein Autor für die Wiedergabe wirklicher Fakten einer vorgeprägten Darstellungsform bedient hat. Gerade in diesem Fall wäre der Rückschluß von einem festgestellten Formschema auf die Ungeschichtlichkeit der wiedergegebenen Inhalte gefährlich.

Es sei also mit allem Nachdruck betont: Form- und Gattungskritik allein können historische Fragen niemals entscheiden. Die eigentliche Aufgabe der Formkritik liegt anderswo: Sie soll helfen, das Ziel und die Aussageeintention eines Textes aufzudecken. Sie soll zeigen, was ein Text eigentlich will, wo sein Sinnzentrum liegt und welche Art von Sprache er spricht. Formkritik muß also auch dort angewandt werden, wo es sich gar nicht in erster Linie um die Feststellung von Historizität handelt. Machen wir uns das an einigen Beispielen aus der Predigt Jesu deutlich!

In Mt 22, 14 wird als Jesuswort überliefert: „Viele sind berufen, wenige aber auserwählt!" Ehe man sich an die formkritische Untersuchung dieses Satzes macht, sind einige Vorfragen zu klären. „Viele" bildet hier keinen Gegensatz zu „alle". Es hat, wie oft im Semetischen, *einschließende* Bedeutung und meint „die Vielen", „die unübersehbare Zahl", „alle". Für das „berufen" ist als sachliches Subjekt Gott hinzuzudenken, ebenso für das „auserwählt". Und mit diesem Auserwählen ist kein prädestinierendes Handeln Gottes gemeint, sondern der Augenblick, da die Menschen von Gott in das ewige Heil aufgenommen, das heißt, gerettet werden. Der ganze Satz hat also den Sinn: „Alle Menschen sind von Gott zu ewigem Heil berufen, aber nur wenige werden es erlangen."

Wenn man sich auf diese Weise den vordergründigen Sinn des Satzes klar gemacht hat, kommen freilich erst die eigentlichen Schwierigkeiten. Ist dieses Jesuswort nicht furchtbar und entmutigend? Wenn von der Gesamtzahl der Menschen nur wenige gerettet werden, dann ist es reichlich unwahrscheinlich, daß ausgerechnet wir zu diesen wenigen

Geretteten gehören. Das Jesuswort Mt 22, 14 muß also gerade denjenigen, der es ernst nimmt, in tiefen Pessimismus hineinführen, falls er nicht – und darauf kommt es eben an – seine Form beachtet.

Der Satz ist als scharfe Antithese formuliert. Zwei Wörter stehen einander jeweils gegenüber:

	wenige
berufen –	gerettet

Solche Antithesen, die in äußerster Zuspitzung zwei Sachverhalte einander gegenüberstellen, begegnen auch sonst in der Predigt Jesu. Vergleiche:

„Weit ist das Tor und breit der Weg, der ins Verderben führt, und viel sind es, die ihn gehen. Doch eng ist das Tor und schmal der Weg, der ins Leben führt, und wenige sind es, die ihn finden."
(Mt 7, 13–14)

„Eher kommt ein Kamel durch ein Nadelöhr
als ein Reicher ins Gottesreich."
(Mt 19, 24)

Gemeinsam ist den drei Jesusworten die kurze, knappe Form, die antithetische Gegenüberstellung zweier Sachverhalte und die scharfe Zuspitzung. Von dieser grundlegenden Feststellung aus ist weiterzufragen, welche Sprachintention derartig knappe, antithetische und bis ins letzte zugespitzte Sätze eigentlich haben. Wir hatten bereits früher gesehen, daß unsere Sprache vielerlei Intentionen verfolgen kann. Sie kann

informieren	beschwören	befehlen
belehren	versichern	verbieten
erörtern	verkünden	Gemeinschaft
berichten	beklagen	herstellen
erzählen	anklagen	Gemeinschaft
schildern	herausfordern	abbrechen
preisen	aufrufen	
bekennen	ermahnen	

Was will die Sprache in den oben wiedergegebenen Sätzen? Sie will ganz sicher nicht einen Sachverhalt objektiv darstellen oder erörtern, sonst dürfte sie nicht zu derart überspitzten Bildern und Antithesen greifen. Sie will aber auch nicht preisen, bekennen oder anklagen. Ihr eigentliches Ziel ist auch nicht Gemeinschaft herzustellen oder Gemeinschaft abzubrechen, sondern doch eindeutig zu ermahnen und aufzurufen. Dabei ist der herausfordernde Moment nicht zu übersehen. Gerade indem Jesus in letzter Zuspitzung formuliert („eher geht ein Kamel durch ein Nadelöhr ..."), rüttelt er seine Zuhörer auf und versetzt sie in Unruhe. Sein Wort wird zur Axt, das den Eispanzer der menschlichen Gleichgültigkeit zerschlägt. Ziel dabei ist, daß die Zuhörer zur Besinnung kommen und umkehren.

Jesus will also seine Hörer mit dem an sich furchtbaren Wort: „nur wenige werden gerettet werden" nicht zur Verzweiflung führen und zurückstoßen, sondern aufrütteln und zur Umkehr führen. Er will ihnen gerade sagen: Laßt euch nicht vergeblich berufen! Kehrt um, und tut alles, damit ihr zu den Auserwählten gehört! Das Wort Mt 22, 14 hat also keinen *informativen*, sondern *prophetischen* Charakter, es macht keine statistische Aussage über das Mengenverhältnis der Geretteten zu den Verlorenen, sondern es will die Zuhörer erschüttern und aus ihrer gefährlichen Gleichgültigkeit herausreißen.

Im Grunde hat die Kirche die angeführten Jesusworte stets ganz richtig als provozierende und zur Umkehr rufende Worte eingeordnet. Sie ist niemals auf die Idee gekommen, aufgrund dieser Jesusworte als Glaubenssatz zu definieren: „Nur wenige Menschen werden gerettet!" oder: „Kein Reicher kommt in den Himmel!" Sie hat also in unserem Fall, ohne sich darüber lange Rechenschaft zu geben, die Gattung einer bestimmten Reihe von Jesusworten intuitiv richtig eingeschätzt.

Es gibt jedoch auch Fälle, wo eine solche Einschätzung schwieriger war und wo man nicht wirklich begriff, in welcher Redegattung und mit welcher Intention Jesus gesprochen hatte. Seit einigen Jahrzehnten zeigt sich immer deutlicher, daß bei dem Wort Jesu zur Ehescheidung ein solcher Fall vorliegt. Diesem Fall wollen wir uns nun zum Schluß noch zuwenden.

Das Wort Jesu zur Ehescheidung begegnet uns im Neuen Testament an den verschiedensten Stellen und in den verschiedensten Überlieferungsschichten. Vergleiche 1 Kor 7, 10–11; Mk 10, 11–12; Lk 16, 18; Mt 5, 32 und Mt 19, 9! Allerdings steht es an jeder der genannten Stellen in einem etwas anderen Wortlaut – ein deutliches Zeichen, daß bereits die Urkirche dieses Jesuswort immer neu konkretisiert und es dem Wechsel der gesellschaftlichen Situation immer wieder neu angepaßt hat.

Die wahrscheinlich älteste Überlieferung findet sich in Mt 5, 32. Es heißt dort: „Jeder, der seine Frau entläßt, außer bei Unzucht, veranlaßt ihren Ehebruch, und wer eine Entlassene heiratet, begeht Ehebruch." In diesem Text ist der Passus „außer bei Unzucht" eine sekundäre Zufügung des Mattäus oder der vormattäischen Tradition. Sein genauer Sinn ist bis heute umstritten. Sicher ist jedenfalls, daß diese sogenannte „Unzuchtsklausel" nicht von Jesus stammt, denn sie fehlt bei Markus, Lukas und Paulus. Wir können sie in unserem Fall unbeachtet lassen.[25] Als ursprünglicher Wortlaut bleibt somit stehen: „Jeder, der seine Frau entläßt, veranlaßt ihren Ehebruch, und wer eine Entlassene heiratet, begeht Ehebruch."

Was will dieses Wort? Man versteht es nur dann richtig, wenn man das jüdische Eherecht kennt. Kennzeichnend für dieses Eherecht ist zunächst einmal, daß es die Scheidung in großzügigster Weise erlaubt. Dem Manne ist die Entlassung seiner Frau bereits gestattet, wenn „sie ihm nicht mehr gefällt, weil er etwas Häßliches an ihr findet" (Dtn 24, 1). Mit dieser vagen Formulierung standen dem Mann, zumindest vom Recht her, vielerlei Möglichkeiten offen, die Ehe mit seiner Frau zu lösen. Ein Scheidungsrichter brauchte dabei überhaupt nicht bemüht zu werden: es genügte, wenn der Mann seiner Frau einen Scheidebrief ausstellte. Damit war die Ehe geschieden. Wichtig ist nun, daß nur der Mann entlassen konnte. Nur ihm war dieses Recht eingeräumt. Die Frau konnte ihrem Mann keinen Scheidebrief ausstellen.

Auch andere Seiten des jüdischen Eherechts zeigen, wie ungleich die Frau behandelt wurde. So brach der Mann beim Geschlechtsverkehr mit einer fremden Frau keineswegs seine eigene Ehe; er brach höchstens, falls die fremde Frau verheiratet war, die Ehe ihres Mannes. Anders jedoch bei der Frau! Sie brach nach jüdischem Verständnis bei einem Ehebruch die eigene Ehe. Gerade hieran wird deutlich, daß die Frau nicht als Partnerin, sondern als ein Stück Eigentum des Mannes angesehen wurde, der über sie ein fast sachliches Verfügungsrecht besaß. Die Frau minderte durch einen Ehebruch sozusagen den Besitz des Mannes; dieser hingegen konnte durch Ehebruch höchstens den Besitz eines anderen Mannes im Wert mindern.

Nur wenn man diesen gesellschaftlichen Hintergrund beachtet, versteht man, warum Jesus sein Wort zur Ehescheidung ganz vom Mann her formuliert: „Jeder, der seine Frau entläßt, veranlaßt ihren Ehebruch, und wer eine Entlassene heiratet, begeht Ehebruch." Die Frau hatte ja sowieso nicht das Recht, ihren Mann zu entlassen. Jesus wendet sich also an den Mann. Er hält ihm vor Augen: Wer seine Frau entläßt, zwingt sie dazu, sich einen anderen Mann zu suchen, weil sie sonst wirtschaftlich nicht existieren kann. Sie bricht also mit dem neuen Mann ihre erste Ehe – und daran ist ihr erster Mann schuld, denn er hat sie ja durch die Entlassung in all das hineingetrieben. Aber auch der neue Mann bricht die Ehe, nämlich wiederum die erste Ehe, aus der die Frau entlassen wurde.

Uns erscheint diese ganze Argumentation reichlich kompliziert und umständlich, vor allem im ersten Teil des Satzes. Aber Jesus hat in dieser Weise formuliert, weil nach jüdischer Rechtsauffassung der Mann seine eigene Ehe überhaupt nicht brechen konnte. Genau genommen ist freilich das, was Jesus da ausspricht, gar keine *Argumentation*. Jesus führt ja überhaupt keinen Beweis, Er nennt das, was nach dem mosaischen Gesetz jedem Juden erlaubt war, schlicht und einfach einen Ehebruch. Ehebruch aber galt den Juden als höchstes Unrecht, ja als zu verfolgendes Kapitalverbrechen, auf dem die Todesstrafe stand. Wenn also Jesus Scheidung einfachhin mit Ehebruch identifiziert, so muß das für seine Zuhörer eine ungeheure Provokation bedeuten, noch schärfer und härter, als wenn den Reichen gesagt wird: Eher kommt ein Kamel durch ein Nadelöhr als ihr ins Gottesreich!

Warum stellt Jesus die für jeden Juden gesetzlich erlaubte Scheidung auf eine Stufe mit Ehebruch? Das Ziel Jesu kann dabei nur sein, vermeintliches Recht als tiefstes Unrecht zu entlarven. Jesus will seinen Zuhörern sagen: „Ihr könnt euch bei der Ehescheidung zwar formell auf das Recht berufen, aber in Wirklichkeit verdeckt ihr mit diesem Recht schreiendes Unrecht. Ihr könnt euch bei der Ehescheidung zwar anscheinend auf das Gesetz Gottes berufen, aber in Wirklichkeit verbiegt ihr den Willen Gottes. Denn Gott will die Ehe als Partnerschaft zwischen Mann und Frau. Die beiden sind ja *ein* Fleisch!" Jesus nimmt mit seiner Provokation die Frau in Schutz, die der Willkür des

Mannes rechtlos ausgeliefert, zur Sache degradiert wird, und er nimmt den eigentlichen Gotteswillen in Schutz, der durch menschliche Überlieferung und Menschensatzung verfälscht, nicht mehr in seiner ursprünglichen Zielrichtung erkennbar ist. Das hat Jesus auch sonst oft getan, etwa wenn er den Pharisäern und Schriftgelehrten vorhielt: „Trefflich bringt ihr das Gebot Gottes um seine Geltung, nur um eure eigene Überlieferung zu wahren. Mose hat gesagt: Ehre deinen Vater und deine Mutter! Und: Wer seinen Vater oder seine Mutter verflucht, soll des Todes sein! Ihr aber behauptet: Wenn jemand zu seinem Vater oder seiner Mutter sagt: Korban – das heißt: Dem Tempel soll geweiht sein, was ich dir schuldig bin! –, so braucht der Betreffende für Vater und Mutter nichts mehr zu tun. So setzt ihr das Wort Gottes außer Kraft um eurer eigenen Überlieferung willen. Und dergleichen tut ihr noch viel mehr" (Mk 7, 9–13). Wie in Mt 5, 32 die Frau, werden hier die Eltern gegen die jüdische Gesetzespraxis in Schutz genommen, und wie in Mt 5, 32 wird zugleich der eigentliche Wille Gottes herausgestellt. Nur daß beim Scheidungsverbot die Provokation noch viel größer ist, denn hier wendet sich Jesus nicht nur gegen jüdisches Gewohnheitsrecht, sondern gegen das mosaische Gesetz selbst. Er stellt dem mosaischen Gesetz sein eigenes Wort entgegen.

Aber in welcher Form tut er das nun eigentlich? Richtet er ein neues Gesetz auf – das Gesetz von der Unauflöslichkeit der Ehe? So ist sein Wort zur Ehescheidung jahrhundertelang verstanden worden: Jesus habe als der Gesetzgeber des Neuen Bundes die Unauflöslichkeit der Ehe festgestellt und angeordnet.

Es ist leicht zu begreifen, warum man das Wort Jesu zur Ehescheidung in diesem Sinne als Gesetz verstanden hat: Es ist formal eindeutig in der Art eines Rechtssatzes abgefaßt. Rechtssätze nach dem Muster: „Jeder, der das und das tut, dem soll das und das geschehen" begegnen in der Bibel und im Alten Orient sehr häufig. Bereits in Gen 9, 6 heißt es:

„Jeder, der Menschenblut vergießt, dessen Blut soll durch Menschen vergossen werden." In diesem Satz ist der Vordersatz *Tatbestandsdefinition,* der Nachsatz hingegen *Rechtsfolgebestimmung.* Es gibt aber im Alten Testament auch Rechtssätze nach dem Muster: „Jeder, der das und das tut, der hat sich ... schuldig gemacht." In solchen Fällen enthält der Nachsatz vor der Rechtsfolgebestimmung noch eine *Schuldigerklärung.* Vergleiche Lev 17, 3–4; Num 35, 16. 17. 18. 20 f. Das Wort Mt 5, 32 ist nach diesem zweiten Muster gebildet. Zunächst wird im Vordersatz der Tatbestand definiert. Dann wird dieser Tatbestand im Nachsatz als schwere Schuld, nämlich als Ehebruch, deklariert, wobei die Strafbestimmung, weil allbekannt, nicht mehr eigens genannt wird: bei Ehebruch ist es der Tod durch Steinigung. So kann kein Zweifel bestehen, daß Jesu Wort zur Ehescheidung in Mt 5, 32 formal ein Rechtssatz ist.

Aber ist es deshalb auch seiner Intention nach ein Rechtssatz? Will Jesus wirklich Recht setzen und ein neues Strafgesetz aufstellen? Wir hatten ja bereits gesehen, daß er mit der Gleichsetzung von Ehescheidung und Ehebruch eine ungeheure Provokation ausspricht. Er will auf diese Weise aufrütteln, er will entlarven, er will den wahren Sachverhalt der jüdischen Scheidungspraxis aufdecken. Offenbar spielt Jesus in dem Wort Mt 5, 32 zwar äußerlich mit der Form des Gesetzesspruchs – aber gerade nicht um ein neues Gesetz zu geben, sondern um die Gesetzlichkeit seiner Zeitgenossen zu entlarven und ad absurdum zu führen. Sein Wort zur Ehescheidung wäre dann in Wirklichkeit keine Gesetzgebung, sondern prophetische Rede. Gerade für die prophetische Rede ist es charakteristisch, daß sie sich fremder Gattungen bedient und deren Sitz im Leben verändert. Wir hatten das an der Gattung des Leichenliedes gesehen, das nicht selten von alttestamentlichen Propheten aufgegriffen und zum Spottlied umfunktioniert wurde. Ähnlich hätte auch Jesus hier äußerlich die Form des Rechtsspruches verwendet, um Aufmerksamkeit zu erregen, um aufzurütteln und so sein eigentliches Anliegen zu Wort zu bringen.

Daß dies wirklich so ist, zeigt ein Blick auf den Textzusammenhang, in dem das Wort von der Ehescheidung steht. Schon allein die Sätze vom Zürnen, die noch viel eindeutiger in der Form des Rechtsspruches abgefaßt sind, beweisen, daß es Jesus nicht um Gesetzgebung geht. Sehen wir uns diese Sätze einmal im ganzen an:

„Ihr habt gehört, daß zu den Alten gesagt wurde: Du sollst nicht morden! Jeder, der mordet, ist dem Gericht verfallen. Ich aber sage euch: Jeder, der seinem Bruder zürnt, ist bereits dem Gericht verfallen. Und jeder, der zu seinem Bruder sagt: Du Dummkopf!, ist dem Hohen Rat verfallen. Und jeder, der sagt: Du Narr!, ist der Feuerhölle verfallen" (Mt 5, 21–22).

In dieser Spruchreihe liegt von Satz zu Satz eine ungeheure Gesetzesverschärfung vor. Früher, sagt Jesus, war es so: Wer einen Mord beging, wurde vom Gericht – gemeint ist das örtliche Gericht – abgeurteilt. Jetzt aber wird schärfer verfahren. Nun wird bereits jeder, der einem andern auch nur in seinem Herzen zürnt, vom örtlichen Gericht abgeurteilt. Und wer zu einem andern „Du Dummkopf!" sagt, wird vom Hohen Rat abgeurteilt. Und wer „Narr!" sagt, ist zur Hölle verurteilt. Genau entsprechend sagt Jesus bezüglich der Scheidung: Wer seine Frau entläßt oder eine Entlassene heiratet, tat bisher nur, was ihm das Gesetz gestattete – jetzt aber ist er ein Ehebrecher, der gesteinigt werden muß.

Es ist klar: Hier wird zwar in präzisen Rechtssätzen gesprochen – und doch bleibt jede Rechtsordnung außer Betracht. Denn welches Lokalgericht könnte den Zorn im Innern des Menschen verfolgen, oder wie könnte sich der Hohe Rat in Jerusalem mit Verbalinjurien befassen? Und sollte Jesus wirklich geplant haben, Gerichte einzusetzen, die jeden zum Tod verurteilen, der seine Frau entläßt? Nein, Jesus benutzt die Form des Rechtssatzes, um seinen

Zuhörern in unüberhörbarer Weise einzuprägen: Tödliche Gewalt und Aggression beginnen nicht erst dann, wenn jemand ermordet wird, sondern sie beginnen bereits lange zuvor im Herzen. Sie beginnen schon beim ersten Schimpfwort, selbst wenn es noch so harmlos erscheint. Der Mensch muß deshalb bereits der ersten Regung des Zorns im Herzen widerstehen.

Dasselbe gilt vom Ehebruch. Er beginnt nicht erst, wenn es zu vollendetem Ehebruch kommt, sondern bereits mit dem ersten begehrlichen Blick (vgl. Mt 5, 27–28).

Dasselbe gilt vom Meineid. Nicht nur der Meineid ist vom Übel, sondern allein schon die Tatsache, daß überhaupt geschworen werden muß. Der Mensch soll so aus der Gesinnung absoluter Wahrhaftigkeit leben, daß sich der Eid überhaupt erübrigt (vgl. Mt 5, 33–37).

In all diesen Fällen, beim Verbot des Zürnens, des begehrlichen Blickes, der Entlassung einer Frau und des Eides spricht Jesus in der Sprache des Gesetzes. Und doch ist jedem klar, daß hier keine neuen Gesetze gegeben werden sollen. Die Kirche hat auch nie daran gedacht, aus dem Verbot des Zürnens, des begehrlichen Blickes oder des Eides Gesetze abzuleiten. Erst recht ist sie nie auf die Idee gekommen, aus der Forderung Jesu nach absolutem Gewaltverzicht ein rechtliches Prinzip zu machen. Nicht nur, daß solche Gesetze aus Gründen des Gemeinwohls unmöglich und absurd wären! Selbst wenn sie möglich wären, könnten sie ja gar nicht das erreichen, was Jesus gewollt hat. Was Jesus mit der Bergpredigt will, übersteigt alles gesetzlich Erzwingbare. Was er will, ist die Lauterkeit des Herzens, die innere Wahrhaftigkeit, die absolute Gewaltlosigkeit, die lieber noch die andere Wange hinhält, als daß sie ihr Recht einfordert. In all dem ist der Mensch, lange bevor er mit einem Gesetz in Konflikt geraten kann, vom Willen Gottes beansprucht und gefordert.

Das Verbot der Ehescheidung hat dieselbe sprachliche Struktur wie das Verbot des Eides, des begehrlichen Blickes und des Zürnens – und es hat deshalb auch dieselbe sprachliche Intention. Auch in seinem Wort zur Ehescheidung provoziert Jesus. Er nennt, indem er sich der Gesetzessprache bedient, die Ehescheidung ein todeswürdiges Kapitalverbrechen. Ein positiver Rechtsschutz über die Unauflöslichkeit der Ehe liegt hier sowieso nicht vor. Aber Jesus will auch kein Strafgesetz über die Bestrafung von Männern, die ihre Frau entlassen, in Kraft setzen. Er will die eigentliche Wirklichkeit der Ehe aufdecken, die tiefer reicht als jedes Gesetz und die durch Strafgesetze niemals ausreichend geschützt werden kann.[26] Mit seinem Wort zur Ehescheidung will Jesus seine Hörer darauf stoßen, welches Unrecht in ihrer Scheidungspraxis liegt. Er will zugleich den Mann zur Partnerschaft mit seiner Frau aufrufen und ihn zu jener absoluten, durch nichts zu erschütternden Liebe und Treue führen, die Gott mit der Ehe gemeint hat. Sein Wort ist Provokation, und zwar Provokation zum eigentlichen Willen Gottes, der nie aufkündbaren Partnergemeinschaft „Ehe".

Hat man diese sprachliche Intention des Wortes Jesu zur Ehescheidung einmal begriffen, dann ist klar, daß man es nicht einfach als kasuistischen Rechtssatz in ein kirchliches Rechtsbuch übernehmen darf. Dem genauen Wortlaut nach hat das die Kirche ja auch nie getan. Die Vermittlung des von Jesus verkündeten Willens Gottes zur Unauflöslichkeit der Ehe bis in kasuistische Rechtsregelungen hinein ist ein weiterer Schritt, der sich für die Kirche freilich eines Tages mit Notwendigkeit ergab. Denn schon bald waren ja die verschiedensten Fälle zu regeln: Was soll geschehen, wenn eine Ehe völlig zerrüttet und zerstört ist – dürfen sich die Eheleute dann trennen? Was soll vor allem derjenige tun, der unschuldig ist an der Zerstörung seiner Ehe? Darf er sich eine neue Ehe aufbauen? Und was soll mit Menschen geschehen, deren erste, voreilig geschlossene Ehe gescheitert ist, die aber dann in ihrer zweiten Ehe glücklich wurden und nun ein vorbildliches Familienleben führen? Auf diese und ähnliche Fragen gibt das Wort Jesu noch keine Antwort. Denn Jesus wollte ja nichts anderes, als in letzter Dringlichkeit zur Liebe und Treue aufrufen; konkretes Eherecht wollte er mit den zwei Sätzen nicht schaffen.

Mit der Erkenntnis der heutigen Bibelwissenschaft, das Wort Jesu zur Ehescheidung sei – entgegen dem ersten Eindruck – kein Rechtssatz, ist dieses Wort nicht entwertet, nicht verharmlost und nicht abgemildert. Im Gegenteil! Es wird damit überhaupt erst in seiner ganzen Tragweite aufgerichtet – als letzte und radikale Forderung Gottes, die das Innerste des Menschen erfaßt und beansprucht. Selbstverständlich hat die Kirche das Recht, die Ehe durch eigene Gesetze zu schützen. Doch diese Gesetze sind dem Wort Jesu gegenüber etwas Zweites, und sie müssen sich vor allem im Einklang mit dem Gesamt der Bergpredigt befinden. Dort ist aber auch von der Barmherzigkeit und Vergebung die Rede. Auch Gesetze der Kirche müssen barmherzig sein.

Anmerkungen

1 Der zitierte Text findet sich in : K. Tucholsky, Zwischen Gestern und Morgen. Eine Auswahl aus seinen Schriften und Gedichten, Hamburg 1952, 8. Vgl. dazu die ausgezeichneten Bemerkungen von I. Baldermann (Biblische Didaktik, Hamburg ²1964, 22–23), der die Beobachtungen Tucholskys formkritisch auswertet.
2 W. Thesiger, Die Brunnen der Wüste, 1959, 103. Zitiert bei K. Koch, Was ist Formgeschichte? Neue Wege der Bibelexegese, Neukirchen-Vluyn 1964, 13.
3 A. Jolles, Einfache Formen, Tübingen 1930.
4 R. Lettau, Auftritt Manigs, in: prosa viva 1 (Carl Hanser Verlag), München 1963.
5 Vgl. F. Pratz, Neue deutsche Kurzprosa, Frankfurt a. M. 1970, 109–110.
6 Unsere Übersetzung folgt nicht dem hebräischen Bibeltext, sondern der Septuaginta, der griechischen Bibelübersetzung, die für die Verfasser des Neuen Testament eine maßgebende Rolle spielte.
7 Vgl. dazu im einzelnen G. Lohfink, Paulus vor Damaskus. Arbeitsweisen der neueren Bibelwissenschaft (Stuttgarter Bibelstudien 4) Stuttgart ³1967.
8 Vgl. zum Beispiel O. Eißfeldt, Einleitung in das Alte Testament, Tübingen ³1964, 50–56.
9 M. Dibelius, Die Formgeschichte des Evangeliums, Tübingen ⁴1961, 34–66.
10 Zitiert bei A. Holl, Jesus in schlechter Gesellschaft, Stuttgart 1971, 173.
11 J. W. von Goethe, Die Leiden des jungen Werther, Frankfurt a. M. (Insel-Verlag) 1965, Bd. 4, 83–84.
12 Für die dritte Gruppe vgl. vor allem das wichtige Buch von W. Richter, Exegese als Literaturwissenschaft. Entwurf einer alttestamentlichen Literaturtheorie und Methodologie, Göttingen 1971.
13 J. Ecker, Katholische Schulbibel für die Diözese Limburg, Düsseldorf 1929, 309.
14 J. Jeremias, Die Gleichnisse Jesu, Göttingen ⁷1965, 7–8.
15 Vgl. die großartige Analyse von H. W. Wolff, Studien zum Jonabuch (Biblische Studien 47) Neukirchen-Vluyn 1965, besonders 53.
16 Vgl. H. W. Wolff, Studien zum Jonabuch (siehe Anm. 15) 48–49. 77–83.

17 G. von Rad, Das erste Buch Mose (Das Alte Testament Deutsch) Göttingen 1956, 203.
18 Formuliert in Anlehnung an G. von Rad, Theologie des Alten Testaments Bd. 1, München 1957, 116–117.
19 Übersetzung von W. Schöne, in: Sallust, Werke und Schriften. Lateinisch-Deutsch (Heimeran) Stuttgart ³1965, 31.
20 Vgl. E. Haenchen, Das „Wir" in der Apostelgeschichte und das Itinerar, in : E. Haenchen, Gott und Mensch. Gesammelte Aufsätze, Tübingen 1965, 227–264. Dort findet sich auch ein guter Überblick über die bisherigen Lösungsversuche.
21 Der folgende Celsus-Text ist uns überliefert bei Origenes, Contra Celsum VII 9.
22 M. Lidzbarski, Das Johannesbuch der Mandäer, Gießen 1915, 154–156.
23 M. Lidzbarsky, Ginza. Der Schatz oder Das große Buch der Mandäer, Göttingen 1925, 58–60.
24 Vgl. E. Fuchs, Zur Frage nach dem historischen Jesus. Gesammelte Aufsätze II, Tübingen 1960, 154.
25 Ausführlicher zu diesem Problem: R. Pesch, Freie Treue. Die Christen und die Ehescheidung, Freiburg 1971, 37–43. Die Auslegung unseres Kapitels folgt in vielem diesem klaren und empfehlenswerten Buch von R. Pesch.
26 Vgl. P. Hoffmann, Jesu Wort von der Ehescheidung und seine Auslegung in der neutestamentlichen Überlieferung: Concilium 6 (1970) 326.

STUTTGARTER TASCHENBÜCHER

Walter Kirchschläger
Kleiner Grundkurs Bibel
Im Blick: Das Neue Testament
STB Band 2; 128 Seiten;
DM 12,80
ISBN 3-460-11002-3

In 32 kurzen Kapiteln werden zentrale Aspekte zum Verstehen des Neuen Testaments vorgestellt. Anleitungen und Fragen helfen dem Leser beim Umgang mit der Bibel.

Walter Kirchschläger
Kleiner Grundkurs Bibel
Im Blick: Das Alte Testament
STB Band 8; 128 Seiten;
DM 12,80
ISBN 3-460-11008-2

Der Leser gewinnt einen leicht verständlichen Zugang zum Alten Testament. Mit Anregungen zur persönlichen Weiterarbeit und zur Arbeit in Bibelkreisen ist der Band jedem eine wertvolle Hilfe.

Alfons Deissler
Gehen mit Gott
Leittexte aus dem Alten Testament
STB Band 5; 128 Seiten;
DM 12,80
ISBN 3-460-11005-8

Der bekannte Exeget Alfons Deissler stellt 31 Texte aus dem Alten Testament vor, die als Leitlinien gelten können für ein Grundverständnis dieses „Ersten Testaments" für Christen.

Carlos Mesters
„Seht, ich mache alles neu"
Bibel und Neuevangelisierung
STB Band 6; 128 Seiten;
DM 12,80
ISBN 3-460-11006-6

Carlos Mesters liest die Bibel aus der Sicht der Armen in Lateinamerika und entdeckt so die ursprüngliche Dynamik dieser Texte neu – ein wichtiger Anstoß für Christen in Europa.

Verlag Katholisches Bibelwerk